في كراهية
الحدود

رواية

في كراهية الحدود

محسن الوكيلي

دار جامعة حمد بن خليفة للنشر
HAMAD BIN KHALIFA UNIVERSITY PRESS

دار جامعة حمد بن خليفة للنشر
صندوق بريد 5825
الدوحة، دولة قطر

www.hbkupress.com

جميع الحقوق محفوظة.

لا يجوز استخدام أو إعادة طباعة أي جزء من هذا الكتاب بأي طريقة دون الحصول على الموافقة الخطية من الناشر باستثناء حالة الاقتباسات المختصرة التي تتجسد في الدراسات النقدية أو المراجعات.

الطبعة العربية الأولى عام 2021

الترقيم الدولي: 9789927155499

تمت الطباعة في الدوحة-قطر.

مكتبة قطر الوطنية بيانات الفهرسة – أثناء – النشر (فان)

الوكيلي، محسن، مؤلف.

في كراهية الحدود : رواية / محسن الوكيلي. الطبعة العربية الأولى. - الدوحة : دار جامعة حمد بن خليفة للنشر، 2021.

صفحة ؛ سم
تدمك: 978-992-715-549-9

1. المهاجرون غير الشرعيون -- القصص. 2. القصص العربية. 3. الروايات. أ. العنوان.

PJ7970.A45. F55 2021

892.737– dc23

202128306168

الإهداء:

إلى روح «حياة»؛ الشابة المغربية التي أردتها رصاصة طائشة من فوهات بنادق حرس الحدود وهي في طريقها إلى شواطئ إسبانيا؛ لتخلد ذكراك وليمت من خانك.

إلى ضحايا الهجرة السرية؛ غرقى «زناتة» الذين تنكّر لهم البرّ وابتلعهم البحر بلا شفقة.

قالَ جدّي، رحمَةُ اللهِ عليهِ، إنَّ السّفينَةَ التي أقلّتْ أوّلَ أفوَاجِ أجدَادِنَا من شَوَاطِئِ إيبيريا إلى البرّ المغربيّ، قبْلَ أزيَدَ من خمسَةِ قُرُونٍ، لا تزالُ تمخرُ عُبَابَ المُحيطِ؛ كنتُ طفلًا صغيرًا لمْ يتعدّ عُمُرُهُ السّتَّ سنواتٍ. أضافَ يرتكي على الذّاكِرَةِ وعيناهُ مُعلّقتَانِ في جِبَال الشَّاوْنْ: رَوَى كُثُرٌ، يا بُنيّ، أنّهم شاهَدُوا السّفينَةَ تُبْحِرُ فارِدَةً أشْرِعَتَهَا وعلى ظهرِهَا المُهجّرُونَ، أقسَموا إنّهم رأوا رِجَالًا بِملابسَ أندلسيّةٍ ولِوَاءَ سفينَةِ أَرْتُوسْ يخفقُ عَالِيًا وَسَطَ الضّبَابِ. «خَمْسَةُ قُرُونٍ؟!»، رَدّدْتُ مُشكّكًا في ما حكى. «لا مستحيلَ، يا بُنَيّ، لا مُستَحِيلَ، ولعلّكَ تكُونُ ممّن كُتِبَ لَهُم رؤيَتُها»، قالَ ثمّ هشّ كيْ أنصرِفَ وأترُكَهُ لأحلامِهِ.

حِكَايَةٌ مِنَ المَاضِي

مساءٌ غارقٌ في الحِيادِ، لا حزنَ ولا فرَحَ، لا فُتُورَ ولا حمَاسَ. أمطرَتِ السّماءُ ثمّ دفعتِ الرّيحُ الغُيُومَ. في الآفاقِ لاحتِ الشُّرُوخُ تعرضُ شمسًا متحفّظةً، تُشِعُّ فيأتي نورُها في التّخوم؛ بين الشّدّةِ واللّينِ.

مساءُ الانبثاقِ من عدمٍ.

شعرتُ بالإعياء فقرّرتُ التّوقّفَ. جلستُ في مقهى شعبيٍّ. وضعَ النّادلُ الشّايَ وانصرف ليُلبّي طلبات زبائنَ معتادينَ تلِدُهُمُ الأرصفةُ في كلّ المقاهي، وتبتلِعُهُمُ الدّورُ المهمومَةُ كُلَّ مساءٍ. مِنْ مآذن كثيرة متقارِبَة انطلقت الأبواق تردّدُ آذانَ العصر. أخذتُ رشفة. كان شايًا محايدًا كذلك؛ لا حلوًا ولا مرًّا، لا سيّئًا ولا جيّدًا. في نوافذ البيوت التي تُشرِفُ على الرّصيف الطّويل، وفي عيون النّاس، أوْرَقَ الفراغُ. كلماتُ الآذان التي بدا أنّها غمرت السّماء لحظات غابتْ كما ابتدأت، فأعقبها الإحساس بالخواءِ.

في فاس القديمة تعلو المآذن وحدها، أمّا الدُّورُ فتتزاحمُ تحت، مثل مقهورين ينشدون الحماية بالانحناء والتّذلّل. عندما تتحدّثُ السّماءُ يصمتُ الجميعُ؛ النّاس والبنايات والأشياء. لمّا تلمّ صوتَها يتعمّقُ الإحساسُ بالخضوعِ. عَصْرَ كلّ يومٍ يستحيلُ الصّمتُ إلى حجَرٍ ثقيلٍ. لا بدّ لكَ أنْ تلاحظ الحركةَ وقد تراخت، والهامات وقد انحنت، وجبل «زلاغ» وقد صارَ أبلَدَ وأعظمَ وأكثر تغوّلًا.

مع الآذانِ غادرَ كثيرٌ من رُوَادِ المقهى مقاعِدَهُم مُهَرْوِلِينَ. انضمّوا، على الرّصيف الطّويلِ، إلى آخرينَ ابتغاء الصّلاة في الصّفوف الأولى؛ طلبًا للعزاء والصّفح عن ذنوبٍ يجهلونَها.

وضعتُ الأوراقَ على الطّاولة. عقدتُ يديّ تحت صدري، وانتظرتُ ما قد يجودُ به السّردُ. على شاشَةٍ بلازما عملاقة كانت قناة إخبارية تعرِضُ مزيدًا مِن أخبارِ الموْتِ والثّوراتِ. تحسّستُ صدري؛ جُرْحُ غيتة لا يزالُ طرِيًّا. تألّمتُ. فوق أسطُحِ البناياتِ كانت الرّيحُ تدفَعُ أثوابَ غسيلٍ أثقلَها المطرُ. خَلْفَ الأثوابِ والأسطُحِ والمآذِنِ كان جَبَلُ «زلاغ» ينتصِبُ كسيّدٍ لا يقهَرُ.

«زلاغ» يُذكّرُ المقهورينَ أنّ الماضي باقٍ أبدًا؛ حيٌّ لا يموتُ.

مثل ظلّ حطّ على الكرسيّ. لم ينتبه إليه أحدٌ سوَايَ. النّادِلُ المُترَبّصُ بِكُلّ زَبُونٍ جديدٍ استمرّ ساهِيًا يُتَابِعُ ظلال الدّور تتدلّى كما تدلّى عُنُقُهُ على الرّصيفِ.

- مرحبًا.

قال وقد جعل كرسيَّهُ أقرب إلى الطّاولةِ.

- مرحبًا.

أجبتُ بتردّد. رفعتُ رأسي إلى السّماء. زادتِ المسافة بين الغيومِ. في الغَوْرِ تشكّلتْ فجوَةٌ كبيرةٌ. كانت سماء بلا طيُورٍ. سماءٌ بلا طُيُورٍ تعكِسُ إلى حدّ بعيد حياةً بلا أحلامٍ.

- آلَمَكَ غيابُ غيتة. عِشْقُ الأرضِ أشدُّ إيلامًا، يا أمين.

قالَ. هزّني. عندما نظرتُ إليه تذكرتُ وجهًا راودني شهورًا وَلَمْ أُعطِهِ حقّهُ كاملًا. ربت على كتفي يواسيني:

- لكلّ شيءٍ ضريبةٌ، يا بُنيَّ. الموتُ ضريبةُ الحياةِ.

شعرتُ بالضّيقِ. فكّرتُ في أن أسألَهُ ماذا يُرِيدُ. لديّ دومًا حياة تنتظِرُ أنْ أمنَحهَا مزيدًا من التّفاصيلِ. ابتسمَ بِخُبْثٍ. بسَطَ يدَهُ، مدّها لتكُونَ أقرَبَ إليّ:

- ما تبحث عنه يُوجَدُ هُنَا.

نظرتُ إلى كفِّهِ فلَمْ أرَ شيئًا. دقّقتُ مَلِيًّا فلاحَتْ لي السّفينَةُ تُبحِرُ فِي المُحِيطِ بألويتِهَا وأشرِعَتِها التي نفختها الرياحُ. قال بصوتٍ محايِدٍ، كأنّما يُفْضِي بِسِرّ:

- إنّها حكايةٌ من الماضي.

أشاحَ عنّي ثمّ نظر إلى رأسِ جبَلِ «زلاغ» الذي كان يتلهّى ببقايا الغيُومِ. في ذاكرتِي تداخلتْ أصواتٌ كثيرةٌ وازدحمتِ الحُروفُ. عادت الرّغبةُ في الكتابَةِ أكثَرَ إلحاحًا. فكّرتُ في أن أسألَهُ: «أيمكن للماضي أن يتوازى مع الحاضر؟». لَمْ أَجِدْهُ؛ مِثْلَ ظلّ تلاشى. على الرّصيف تدفّقَ رِجَالُ المساجِدِ يقصِدُونَ مَتاجِرَهُم التي تركت في عهدة الصّبيان، ومقاعدهم في أرضيات المقاهي.

- لَكُم هناءُ الإيمانِ ومُتعَةُ الثّرثَرَةِ على كَرَاسِي المقاهِي، لَكُم البداهَةُ ووجوهُكُم المُتبَلّدَةُ، ولِي أقلامِي ومزيدٌ من القَلَقِ.

البابُ الخلفِيُّ الأوَّلُ

من ذكريات أصيلة

رأيتُ غيتة صدفةً، في محطة فاس، تجلس في انتظار القطار المُتّجِهِ إلى الرّباط. أثارني هدُوءُها ومذيعةُ المحطّةِ تُعلِنُ تأخُّرَ موعد الإقلاع ساعةً كاملَةً. ابتسمتْ، نظرتْ إلى بعيد، انتصبتْ بترفّعٍ، مزقتِ التّذكِرَةَ، ثمّ غادرَتْ تسحَبُ حقيبتَها. ابتهجتُ. وسط عالَمٍ متخلِّفٍ ينبثُ الجمَالُ. تابعتُهَا عبْرَ زُجاجِ النّوافذِ. عندما أوشكتْ على الاختِفَاءِ كنتُ قد اتّخذتُ قراري الحاسم؛ أنْ أزرَعَها في حقيبتي.

غيتة تستحقُّ أدوارَ البُطولةِ.

الصّبيَّةُ الأخرى واصلتْ حياتَها الأولى. ربّما يكونُ لَهَا يومًا أن تلتقي رَدِيفَتَهَا في مَحطّةٍ مِنْ محطّاتِ السّردِ فتُعِيد اكتِشَافَ نفسِهَا.

1
لقـــاء

أصيلة

2017 /08 /03

استرخيتُ على الأريكةِ أتأمّلُ عَبرَ شُبّاكِ النّافذَةِ سماءَ مدينةٍ تغمُرُها النّوارسُ بالصّخبِ. أصيلة، أو «زيليس» كما أطلَقَ عليها الفينيقيون قبل خمسة عشر قرنًا، حَاضِرَةٌ تُواتِي العاشقِينَ والهاربينَ مِنْ سطْوَةِ الأعرَافِ وبَطْشِ الحاقِدِينَ.

دفعتْ دقّةَ البابِ، ودخلتْ بكامِلِ بهائِهَا. ثوبُ السّاتان الأسوَدُ يشهَدُ على أوّلِ لِقَاءٍ جمَعَ بيننا في بيتٍ من بيوت ضواحي مدينة فاس، حذاءُ الجلدِ ذو الكعب العالي نفسُه، والشّريطُ الأسودُ الذي يلُفُّ معصَمَها كشارة احتجاج على عالم لَمْ يفلِحْ في استيعاب أفكارِها. ذُهِلتُ. ألزمتني المفاجأةُ الصّمتَ لحظاتٍ.

- غيتة، ملاكي، كم يلزمني مِن وقتٍ كي أنسى؟

مع الباب الذي انفتح تدفّقتِ الرّيحُ. رائحَةُ المُحيطِ كثيفةٌ تُحرِّكُ ذاكرةَ الماضي. تركتِ البابَ مفتوحًا وتقدّمت نحوي. مِنْ خلْفِها لاحت أغصانُ أشجار الحديقة تُلاعِبُ رياحَ الصّيف. بدا شعرُها أطولَ ممّا ألفتُ، وجمالُها أكثرَ فُحْشًا.

ها هي غيتة تقف أمامَكَ، يا أمين، وقد سلختَ أسابيعَ طويلةً تبحَثُ عنها في دروب فاس وأزقّتِها، جاءت إليك بغتة بعدما تملّكَكَ اليأسُ.

- بأيّ جنُونٍ تُصَاغُ أقدارُنا، حبيبتي؟

قصَدتَ شواطِئَ الأطلسيّ حتّى تنسى، فجاءت إليك حيثُ أنتَ. لَمْ تصرُخْ في وجهها احتجاجًا على غيابها الذي طال فآذاك؛ أنساك حضورُها الغيابَ. انتصبتَ بهدوءٍ، انحنيتَ لجلال القداسة، يا أمين، ثمّ قبّلتَ يدَها.

سألتَها والفرحَةُ تكاد تأخذ عقلك:

- كيف أمكنك أن تفعلي ولَمْ أخبِرْ أحدًا عن مكاني؟

أطرقتْ. تدفقتِ الرّيحُ أقوى، ماج شعرُها الإيبيريُّ الطّويلُ وخفقتِ الستائرُ. لن تنسى الظّلالَ التي تراقصت على وجهها وصاغت من ملامِحِهَا وجهًا آخرَ. عندما صفقت الرّيحُ البابَ، ورستِ الظّلالُ، وسكَنَ شَعرُها على صدْرِهَا، ظهرَ ألمُها جارحًا. رفعتْ رأسَها، نظرتْ في عينكَ تكابرُ حُزنَهَا:

- البابُ الخلفِيُّ، يا أمين.

تراجَعَ صخبُ الطُّيورِ، على الجدارِ المقابلِ للنّافذةِ حطّت أشعّةُ المساءِ تسبغُ الذّاكِرَةَ بِلوْنِ الزّوالِ. عانقتُها وبكيتُ. استطاعتْ، بغيابها المباغتِ، وحضورها المفاجئِ، أن تكسرَ صورةَ الرّجلِ المتماسكِ؛ حرٌّ وبردٌ، مدٌّ وجزْرٌ.

- أيّ امرأةٍ تكونين؟

بكتْ بدورِها مثلما لَمْ تفعلْ من قبل. كان كلانا سعيدٌ بالآخر، كنا منتشيَيْنِ بلقائنا الذي تجدّد على أطراف المحيط. في غرفة النّومِ نزعتْ ثوبَ السّاتانِ الأسودَ، وجلستْ على طرفِ السّريرِ. تأمّلتُها. غيتةُ أكبرُ من كل الرغباتِ. تركنا النّافذةَ مفتوحَةً. حلُمْنَا أبدًا بعالمٍ متحرّرٍ، بلا قيودٍ ولا حرَسٍ؛ بالإنسان سيّد نفسِهِ. أراحتْ رأسَها على صدري. من شَعرِهَا فاحتْ رائحَةُ شَجرِ الأرْزِ. سألتُها:

- كنتِ في غابات «يفرن»، حبيبتي؟

بدا أنّ السّؤالَ أزعجَها. تحرّكتِ الظّلالُ الوهنَةُ على وَجْهِهَا، وعادَتْ مسحة الحزن لتغلّف ملامِحَهَا. نظرتْ إلى عينيّ، داعبَتْ وجهي.

- أمين.

- نعم، حبيبتي.

- لم أكن في غابات «يفرن». كنتُ في مكان أبعد.

غرقتِ الشّمسُ في المحيطِ، تشيّعُها غيومٌ حمراءُ وأسرابُ طيورٍ، ورشحتِ السّماءُ بالبرد. «غيتة، أنا أعشقك»، همستُ في أذنها. انقلبتُ فوقها. ابتسمَتْ، ثم نظرت عبر النافذة إلى السّماء. كانتْ ترتَعِشُ. مددتُ يدي لأدفعَ الدّفّةَ. اعترضَتْ:

- اتركها، اتركها يا أمين.

استمرّتْ تنظرُ إلى آخر خيوط الضّوءِ كما ينظر مسافر عبر نافذة طائرة إلى سماء لن يكون بِوُسْعِهِ أن يعيش تحتها ثانية.

تمدّدتُ إلى جانبها، سحبتُ الإزار، فَرَدْتُهُ علينا..

- غيتة، كيف أمكنك أن تعرفي مكاني؟

أغمضتْ عينيها. عادتْ لتُرِيحَ وَجْهَهَا على صدري.

- لا تلحّ، ستَجِدُ الجوابَ الذي تريد في الوقت المناسِبِ، أَعِدُكَ.

«زيليس»، يا مدينة تعاقبَتْ عليها الأفراحُ والمِحَنُ، وتناوبَ عليها الدّخيلُ والقريبُ، ترفّقِي بي، أنا العاشقُ الواقفُ على عتباتِكِ، الزّاهِدُ في الآتِي، الوفيُّ لِذِكْرَاكِ.

2
قَلْعَةُ المَاضِي

فاس

23/ 09/ 2018

استيقظتُ من نومٍ متعثّرٍ على وَقْعِ رنينٍ حادٍّ مزعجٍ. قلبي يخفق بشدّة، وذاكرتي مثقلة ببقايا الكوابيس وهواجس الكتابة التي تطاردني باستمرار. أخمدتُ صوتَ المُنبّهِ بِحَرَكَةٍ سريعةٍ آليةٍ فعمّ صمْتُ الصّباحِ بِطَابعِهِ الثّقيلِ المُتبلّدِ. فتحتُ عينيّ؛ كما العادة، غُرْفَتِي مُنظّمةٌ بصرامَةٍ، وكلّ شيء في مكانه المحدّد؛ الملابسُ مكويّة مطويّة بعناية، والسّجّادُ نظيفٌ، والكُتُبُ مُرتّبةٌ في رُفُوفِ المكتبة تزيّنها منحوتاتٌ من العرعر الفوّاح. أفضّلُ الفوضى، أهنأ وسط أكوام الكُتُبِ والملفّاتِ، ويَرُوقُ لي ارتداءُ الملابس اتّفاقًا؛ إنّها الحياةُ التي تناسبني. زوجتي حسناء تُصِرُّ على اقتحام التّفاصيلِ كلّها؛ أراها على الجدرانِ ومائِدَةِ الإفطارِ، وفي الملابس والكُتُبِ المصفوفَةِ بإحكام، وعلى شاشة الحاسُوبِ المنظّفِ بِالكلور، وتتسلّلُ أحيانًا إلى السّرد فتسكنُ شخصياتٍ وتحيكُ مصائِرَ أخرى.

أحبّتْ حسناءُ الإيتيكيت، اللّياقة، وحرصتْ على أن تكون سيّدة مصنّفة بمقاييسَ معتبرة. تأكُلُ بانتظامٍ، وتقرأُ الأدبَ، وتلبسُ مراعِيَةً فُصُولَ السّنةِ، وتستمِعُ إلى موسيقى راقيةٍ، وتواكبُ آخرَ صيحاتِ الموضةِ. إذا غضبَتْ تحتجُّ بصوتٍ هادئ، وإذا فرحت تضحكُ بكياسة فلا تتجاوز حدًّا. مع الأيّامِ كبُرَتِ الفجوة بيننا؛ صارتْ إلى جفاء.

غيتة، على خلافها، تترُكُني لعفويتي وتقدّسُ فوضاي. بينما تسهر الأولى على إقامة مزيد من الحدود وتأمينها، تهدمها الأخرى.

على المنضدةِ تركتْ ورقةً بيضاءَ تزيّنُهَا زهورٌ ملوّنةٌ: «فطورُكَ على الطّاولة. حبيبي، لا تنس، كُلْ قبْلَ أن تخرج. لا تتأخّر أكثرَ ممّا ينبغي، وتجنّب طالباتِك المشاكسات من ذوات التنورات الحمراء القصيرة». تثيرني الجُملةُ الأخيرَةُ، تخلّفُ في صدري إحساسًا دافئًا. النّعلُ القطنيُّ إلى جانبِ السّريرِ، مفاتيحُ السيارة وحافظةُ النّقود وبطاقةُ الائتمان في مكانها المحدّد. سأمضي راجلًا؛ السيارة تضايِقُنِي، تحدّ من حريّتي، تفرضُ عليّ اتّباعَ مساراتٍ بعيْنِهَا.

كتبتُ على الورقةِ نفسِها:

«عزيزتي حسناء، لن أتأخّرَ في الرّجوعِ، ذلك أنّني لن أعود أبدًا. شُكرًا على كلّ شيء».

انتعلتُ الحذاءَ، مشيتُ بحذرٍ. لا أرِيدُ لزوجتي التي ترقدُ في غرفة نومها أن تستيقظَ في صباح استثنائيّ. بدا كلّ شيء من حولي ناضِجًا وفي صيغتِهِ النّهائية؛ ربّما لأنّي اتّخذتُ قرارَ الرّحيلِ. رفعتُ رأسي ففاجأتني الظّلالُ السّابغةُ التي تُشْبهُ ظِلالَ شمسِ الصّيفِ الثّقيلةِ. عبْرَ النّافذةِ المفتوحةِ تظهَرُ شجرةُ الصّفصافِ العِملاقة، وطوابِقُ بُيُوتِ الجيرانِ بألوانِهَا المُتخاصِمَةِ. سُكُونٌ أقربُ إلى حالةِ حدادٍ.

تنفّستُ بهدوءٍ، بِخُطُواتٍ خفيفةٍ قصدتُ الحمّامَ. اللّونُ الكاكِي يطغى على بقيّةِ الألوانِ، تقتحِمُ أشِعّةُ الشّمسِ زُجَاجَ النّوافذِ المزركش الغامق، وتسقط على الجدران لونًا احتفاليًا حزينًا في آنٍ. غسلتُ وجهي. على زجاج المرآة كتبت بأحمر الشّفاه: «هل ثمّة فرقٌ بيننا، يا أمين؟». خيْطٌ رهيفٌ إذا أفلتَهُ السّارِدُ شوّهَ صورتِي على الورَقِ.

لن أفطِرَ، لن أفتحَ الحاسوب، لن أستأنِفَ فصُولَ الرّواية؛ أفضّل أنْ أترُك الأشرعة للرّيحِ. ليسَ لدى بحّار قرّر أن يصيرَ قرصانًا ما يخسرُ.

حسناءُ نائِمَةٌ. ستنهَضُ بعد دقائِقَ معدوداتٍ. تُشبِهُ هذه المرأةُ ربوتًا مبرمجًا. ستستفيقُ في السّاعة والدّقيقة نفسِها دون أن تكون مضطرّة لتوقيت المنبِّهِ، ولو على سبيل الاحتياط. أثق فيها أكثر ممّا أثق في منبّه ساعة سويسريّة الصّنع.

حملتُ حقيبةَ الظّهر على كتفي. تناهتْ إليّ قرقعةٌ مزاليج أبوابِ المحلاتِ التّجاريةِ التي تفتَحُ بالجوار. جلبةٌ متفرّقةٌ متباعدةٌ تصِفُ حالَ يومٍ روتينيّ من يوميّات أحياء فاس العتيقة.

«قرقعةُ المزاليج تتراجَعُ مع الأيّام، تتباعَدُ باطرادٍ»، سجّلتُ. يستبدِلُ أصحابُ المحلاتِ بالأبواب التّقليدية أخرى مرنة تُفتَحُ آليًّا وبرموز خاصّة بَدَلَ الأقفال الحديدية. يواكبُ التّجّارُ الحداثةَ في كلّ شيءٍ، عدا الأفكار التي تبقى كما هي، كَوَقْفٍ صامِدٍ أمامَ الزّمنِ. يضَعُونَ كاميرات للمُراقَبَةِ، ويزيّنُونَ محلاتِهِم بآخر صيحات الموضة، تتغيّر الطّلاءات والزليج والإكسسوارات بشكل دوريّ كما تُغيّر الأفعى قشرتها، بينما يستمرّون على حالهم، كما كانوا، ويُخرِجُونَ أبناء يشبهونَهُم، لا يُمكِنُهُم أن يعيشوا ويتنفّسُوا إلا بين الأسوار نفسِها والوُجُوهِ نفسِها والقِيَمِ نفسِهَا. من نقطة ما يبدو العالمُ ثابتًا راكدًا بليدًا، يدفَعُ للهُرُوبِ أبعَدَ فأبعَدَ.

نزلتُ الأدراجَ حتى بابِ البيتِ، ثمّ انزلقتُ إلى الدّربِ. سقوفُ القصبِ التي تمتدُّ مئات الأمتار تحمي العالَمَ القديمَ مِن الانفراط. عبْرها يتنفّسُ العابِرُونَ رائِحَةَ العُصُورِ الوُسطى. أعرِفُ بقيَّةَ اليومِ دونَ أن أكُونَ مضطرًّا لعَيْشِهِ من جديد. هذه الماكينة التي تَدُورُ باستمرَارٍ تطحنُ العُمُرَ كما يُطحَنُ الشّعِيرُ.

قطعتُ دُرُوبًا خالية من غير تجّارٍ أبْكَرُوا وسكارى تأخّروا. صادفْتُ كذلك صَبِيّةً شقراءَ جميلةً تقرَأُ مُلْصَقًا على بابِ صيدليّةٍ مُقفَلَةٍ، خمّنتُ أنّها تبحثُ عن دواءٍ لأمّ ألمّ بها وَجَعٌ مباغِتٌ. كانت مرتبكةً خائفة. الخوفُ جعلها أجملَ. لَمْ أفكّر في مساعدتها؛ الصيدلية المفتوحة كانت على مسافة أقلّ من مائتي متر. بدت مثل شخصيات الرّواياتِ التي أكتُبُ؛ يَحْصلُ أن أتعاطَفَ معها، لكنّني أبدًا لا أمدّ يدي لمساعدتها. قبْلَ أن أنعطف إلى شارع آخر أكثر اتّساعًا وطولًا، كانت الصّبيّةُ قد هرولتْ في الاتّجاهِ الخاطِئ.

3
الطُّيُورُ لَمْ تولَدْ للأقفاصِ

أصيلة

03 - 29/ 08/ 2017

جاءت غيتة بغتة، لكنّها لَمْ تغادِرْ. مكثنا شهر أغسطس بأكمله في أصيلة، استأنسنا بوجوه النّاس الذين رحّبوا بوجودنا. بدتِ الحياةُ، بعد الأسبوع الأوّل، في صيغتها المثلى؛ بيتٌ بحديقتين وحبيبةٌ ودروبٌ بديعة تنتهي إلى البحر. خُيّلَ إليّ أنّنا سنواصل عيشتَنا إلى بقيّة العمر. كلّ صباح يأتوننا بالخبز ساخنًا من الفرّان الذي في نهاية الدّرب، والحليب والجبن البلدي من البقال، وصينية الشّاي مكتملة من المقهى الشّعبي الأقرب إلى بيتِ الإيجار. عندما نخرج بملابس خفيفة يغمرنا هواء المحيط فنُحَلِّقُ مثل عصافيرَ. يبدو كلّ شيء أسطوريًا تمامًا؛ سماءٌ صامِدَةٌ فوق مدينةٍ تُقاوِمُ على تخُومِ الأرضِ لتبقى. جلسنا تحت الأشجار، وعلى صخور الميناءِ، وفوق الأسوار المُطِلّةِ على اليخوتِ، وفي المقاهي الشعبية حيث يحتسي النّاسُ، بدل القهوةِ والشّايِ، حسَاءَ الفُولِ بزيتِ الزّيتونِ. جرّبنا كذلك ركوب القوارب، واصطدنا سمكًا أعدناه إلى البحر. حفظ الباعةُ وَجْهَيْنا. صِرنَا سريعًا جزءًا من ذاكرة «زيليس». باتَ سكّانُ الأسوارِ ينادونَنِي «سينيور أمين» بِلَكْنَةٍ إسبانيةٍ خالِصَةٍ. وَجَدتُ في اللّقبِ تعبيرًا عن انتماءٍ عميقٍ يُحِيلُ إلى أصولٍ لَمْ يُفْلِحِ الزّمَنُ في طَمْرِهَا.

غيتة، مثلي، آمنَتْ بحريّتها، أحبّت القطط وعشقت الطّيور واختارت العيش دون التّفكير في يوم غد. الغد يكفله الآتي.

أطعمنا القطط التي فاضت على أطراف البيت وفي الحديقة. في الأيّام الأخيرة سمحنا لها بالدّخول إلى الغُرَفِ فشاركتنا الفراش والطّعامَ. اشترينا كثيرًا من العصافير. في كلّ يوم كنّا نحتفِلُ بإطلاق زوجين. عندما تحلّقُ فوق رؤوسنا نُلامِسُ متعة التّحرّر من جديد. نُتابِعُهَا إلى أن تضِيعَ في السّماءِ. ينظرُ بعضُنا في عيُونِ بعضٍ فنضيع في عشق لا تحدّه حدود.

- الطّيور لم تولَد للأقفاص، يا أمين.

تقول.

- موطنُ الطّيورِ السّماءُ.

قضينا شهر أغسطس معًا. مع طلائعِ الخريف بات علينا أن نستعِدَّ للرّجُوعِ. فاس تنتظِرُ وخلْفَهَا الجبلُ الكئيبُ؛ «زلاغ» بعبوسِهِ وتسلّطِهِ وسطوَتِهِ التي تدنّسُ تفاصيلَ الحياةِ بأكملها.

- أريد مدُنًا بلا جِبَالٍ.

قالت في اليوم الأخير. نزل مطرٌ خفيفٌ، بلّل الدّروبَ وكسا المدينة بحُلّة الخريف. عانقتُها وخرجنا. صار للشّاي بخارُ الشّتاءِ وللخبز مذاقُ الخريفِ. تخلّفَ كثيرٌ من الرواد عن كراسي المقاهي، وتراجعت طوابير الأطفال أمام باعة الفشار ورقائق البطاطس، كأنّ مدينة أخرى تُولَد من رحم الأولى. باكتمال شهر أغسطس تفْقِدُ وُجُوهُ النّاسِ مرحَها السّابق، ويُرَاوِدُهَا الإحساسُ الرّاسخُ بمدينة سينساها العالم إلى بداية الصّيفِ الآتي.

«زيليس» التي باعها أكثر من سلطان، وتواطأ عليها الأقرَبُونَ مئات السّنين، أدمنتْ لعبة الحُضُورِ والغيابِ. تتلاشى على مدى فصول الشّتاء

الطّويلة إلى أن يأتي بها الصّيف إلى الوجود ثانية، فتأخذ المقاهي بمد الكراسي على الأرصفة، والبيوت بفتح نوافذها على المحيط، وقوارب الصّيد بالنّزول إلى البحر. مدينة توجد من عدم، بعمرانها وناسها. تنهَضُ لتستقبِلَ ضيوف الصّيف، وتعود إلى الغياب.

من غير «زيليس» من بقيّةِ مدائنِ العالَمِ يستطيع أن يفعل؟

مكان كلّ امرأةٍ ورَجُلٍ يغادران المدينةَ ينبُتُ فراغ ملحوظ. كنّا، مثل كثيرين، قادريْنِ على تحسّس الألم الذي تشعر به المدينةُ والنّاسُ يرحلون عنها. تلك الفراغاتُ التي تتمدّدُ بالتّدريجِ، وتتّسِعُ مع كلّ شجرة تفقد أوراقها، تنتهي بها إلى الغياب؛ تنمحي المدينة من الذّاكِرَةِ كأنّها لم تكن، ثمّ تنشأ من رَحِمِ الغيابِ لتضجّ بالحياة كأنّها العالمُ كلّهُ، فتفيضُ بالرسامين والمبدعين والشّعراءِ الذين يأتُونَ إليها راغبينَ من كُلِّ الأمصارِ.

- تحلمين بِمُدُنٍ بلا جبالٍ، حبيبتي؟

ابتسمَتْ في وجهي.

- نعم يا أمين، بلا كراهيةٍ، ولا غُبْنٍ، وبلا أسوارٍ، حبيبي.

- سأبني لك المدينة التي تحلمين بها، يا قرّة عيني، أرسمها بإتقان رسّامٍ مبدعٍ، فلا تخرج إلى الوجود إلا إذا رضيتِ عنها.

عانقتني وبكَتْ. كان الصّيفَ الأخيرَ. طلبتُ منها أن نسافر إلى منتجع «كابو نيكرو»، ونقضي فيه أيّامًا أخرى. لن تمتلئ المدرّجاتُ بالطّلبةِ قريبًا، ولن يُبَاشِرَ الأساتِذَةُ محاضراتِهِمُ في مستهلّ الموسِمِ. رفضتْ. باتَ في بقائنا معًا مدّةً أطوَلَ ألَمٌ أعظم.

- وأحلم بدُورٍ بلا جُدْرَانٍ، ومدارسَ بلا أسوارٍ، وأوطانٍ بلا حدودٍ، يا أمين. عالَمٌ بلا حدُودٍ؛ عالَمٌ بلا حربٍ. تفهَمُنِي؟

- نعم حبيبتي، أفهمُكِ، وأشاطِرُكِ الأحلامَ نفسَها.
- جبلُ «زلاغ» يُثقِلُ على صدري. كُلّ صبَاحٍ أكونُ مرغمَةً على التّطلّعِ إليه، مثل دُمَّلٍ كبير يعلو فوق الجميع.

انتهينا إلى الشّاطئ، كفّت السّماء فجلسنا. أمامنا كانت زوارق شراعية تبحر في خطوط متوازية. لم يكن الطّقسُ مناسبًا، لكنّ أصحابها أصرّوا على النّزول إلى الماء. قلّبت غيتة الرّمل، سألتني:

- هل جرّبتَ الصّعود إلى جبل «زلاغ»؟

لفّتْ شعرَها ثمّ عقدَتْهُ خلْفَ رأسِها. عندما انحنت لتُشكِّلَ قصرًا من الرّمل بدت مثل «هيباتيا». تحدّثتُ، حكيتُ كثيرًا ممّا قرأتُ عن «زلاغ» في مصادر التّاريخ، عن ذِكْرِهِ في كتاب «وَصْفِ إفريقيا» لحسن الوزّان، وفي ما جاء في مؤلّفات المستشرقين الذين سبقوا جيوش بلدانهم إلى شمال إفريقيا، لكنّها لم تكن تسمع. أجابت عن السّؤال الذي طرحته بالصّيغة التي ترضيها.

- جرّبتُ الصّعود مرّاتٍ. لَمْ أقوَ على البقاء، شعرتُ بالعمالة. الوقوف فوق جبل «زلاغ» خيانة للمبدأ، يا أمين.

مررت يدها فوق الرّمل. سوّت كل شيء ثم نظرت إلى سربِ نوارس:

- قصور الرّمالِ يدفنُهَا المدّ.

ليلًا، نامتْ في حُضنِي كطفلة. تركنَا البابَ مفتوحًا على الحديقة، والنّوافذَ مشرّعةً على السّماء، ليدخُلَ الرّيحُ وهديرُ المحيط.

في الليلة الأخيرة أعتقنا كذلك كثيرًا من الطّيور.

4
الطّريقُ إلى مدينةِ مكناس

فاس

صباحًا

2018 /09 /23

غاب جبلُ «زلاغ» وسيّارة الأجرة الكبيرة تندفعُ في الطّريق نحو مكناس. أخذ المسافرون أمكنتَهُم ولاذوا بالصّمت. يعرفون وجهتهم جيّدًا ومآربهم التي خرجوا لأجلها. كنتُ أركب سيّارة لستُ معنيًّا بوجهتها. مكناسُ لم تكن إلا مدينة كَكُلِّ المدن.

تراجعتْ بناياتُ فاس خلفي، انكمشت مثل ماضٍ قبيحٍ بائسٍ يمتصّهُ الزّمنُ، ثمّ بَدَتْ من بعيد خربشات تافهة. للمرّة الأولى تغيبُ وفي صدري إحساسٌ قويٌّ أنّها لن تعود للاقتراب ثانية. راحتْ بلا أسى. على أطراف الطّريقِ المعبّدةِ تنطلِقُ المسالك الفرعية في مختلف الاتّجاهات تقصِدُ الدّواوير والبيوت المعزولة. تمتدّ مثل ألْسِنَةٍ أنهكها العطَشُ، تتدلّى، تذبلُ، قبْلَ أن تغطسَ في الحقول ويبتلِعُهَا الأفقُ. أفتَحُ النّافذة متجاهلًا امتعاض السّائق، أتنفّسُ بارتياحٍ. فاسُ تخنُقُنِي بِصَخبِهَا وطابعها الذي يطمس هويات الأفراد، ويحيلهم إلى كائنات طيّعة ممسوخة. المُدُنُ العتيقةُ تحمي العالَمَ القديمَ من التّلاشي، تصونُهُ بين أسوارها، ثمّ تجعل منه قدَرًا. تطحَنُ الأجيالَ بلا شفقة، تسحق كلَّ شيء بلا رحمة، حتّى تضمن بقاءها ورسوخها.

في صباي حلمتُ بعالمٍ من صنعي. عالمٌ خاصّ أُرَكِّبُهُ قطعة بعد أخرى. «أمرٌ صَعْبٌ»، قال أبي ونحن نصعد الدّربَ في طريقنا إلى المسجد الكبير. أمسكني من يدي، سحبني بِلُطْفٍ، قال لي بصوت منتصف ناظِرًا إلى أحياء الشّاون التي تنْحَدِرُ مع الجبَلِ متزيّنَةً باللّونينِ الأزرق والأبيض:

- أنا أنسجُ الزّرابي والأثواب، أرسمُ فيها العالم الذي أحلم به، لا بُدّ أن تَجِدَ، في ما أصنَعُ، أبوابَ غرناطة وأعلامَها وخرائِطَ المُدُنِ التي تركنا خلْفَ البحر، لكنّني لا أحلمُ ببنائها.. حاوَلَ جدُّنا علي بن راشد عندما جاء إلى «الشّاوْنْ» قبل مئات السّنين مدفوعًا بمرارة التّهجير. غرناطة ظلّت هناك. الشّاون ليست أكثر من حلمٍ منسوخٍ عن حقيقة اسمُها الأندلس.

مالَتْ ظِلالُ العصرِ تسبقُ البيُوتَ إلى المغيبِ، وتدلّى ظلانا خلْفنا يَطُولانِ كلّما تسلّقنا المُرتفَعَ أكثَرَ. عندما ركَعَ النّاسُ كنتُ قد اتخذتُ قراري؛ أن أرسم العالَمَ الذي أحلم به على سيرة أبي الذي نسج أحلامَهُ من قُطْنٍ وَصُوفٍ.

ليلًا، في غرفتي، مسلّحًا بكثير من الأوراق وأقلام اللّبدِ والغراء، شرعتُ في تجسيد أوّل أحلامي. رسمتُ بيتًا حَجَرِيًّا مسقوفًا بالقرميد على جُرْفٍ ينتهي إلى نَهْرٍ جارٍ. زرَعتُ كثيرًا من الأشجار وبيوت البدويين. في الفراش حلمتُ بزقزقة العصافير وخرير مياه النهر والرياح المشبعة بالرطوبة ورائحة الصنوبر. أمكنني أن أرتقي الأدراج الخشبية إلى غرف البيت الحجري، وأخرج إلى الشّرفة لأتملى عالمًا من صنعي.

في الحلم الأول، وأنا في الشرفة، اكتشفتُ أنني نسيتُ السّحبَ، رسمتها يوم غد خفيفة هشّة متباعدة، حتّى أترك للسّماء أن تتنفّس، ثمّ رسمتُ الطّيورَ

والآفاقَ، وحقولًا معيشيةً صغيرةً، وطائراتٍ ورقيةً تحملها الرياحُ.

كبرت اللوحة مع الأيام. ما اعترض أبي على مصاريف الأقلام والملوّنات التي زادت عن الحدّ المعقول. دخلتْ أمّي إلى غرفتي نهاية الأسبوع الثّالث، مزقت الرّسوم، في مساء حزين، وقد نفد صبْرُهَا. عدتُ من المدرسة، فوجِئتُ بالجدار خاويًا. لم أحتجّ. كان الجُرْحُ غائِرًا. بكيتُ خلْفَ بابٍ مغلَقٍ، ثمّ حوّلتُ عالمي إلى كَلِماتٍ.

سقطتْ لوحتي لكنّ خريرَ مياهِ النّهرِ استمرّ بعنفوانِهِ نفسِه، يراوِدُ أحلامي كلّ ليلةٍ؛ صوتًا خالِدًا، من الأزَلِ إلى الأبَدِ.

أُدْرِكُ الآنَ أنّ أمّي، بما فعلتْ، صنعتْ مني الكاتب الذي أكونُ.

كما غابت فاس أقبلت مكناس من الجهة الأخرى. لاحت الدّورُ الأولى، بعد ساعة زمن، متفكّكة متباعدة، مثل أفكار مشتتة لكاتب تاهت عنه خيوط الحكاية فزرع نصُوصًا لا رابط بينها. بيُوتٌ ضائِعَةٌ فوق الأرض لكنّها قادرة على العيش مستغنية عن بقيّةِ العالَمِ.

- توقّف من فضلكَ.

قلتُ للسّائق الذي استجاب دون أن يلتفت إلى الخلف. على مدار اليوم يطرح عشرات الأشخاص الذين لا يعنون له أكثر من الدّراهم التي يحصلُ عليها. أقلَعَ. على يساري امتدّ طريقٌ جانبيٌّ عشراتِ الأمتار ثم توقف. «انتهى الطّريق الإسفلتيّ الفرعيّ مع نهاية حملة الانتخابات»، قال لي والدي يشرح سبب انقطاعه بغتة. توالتِ انتخاباتٌ كثيرةٌ لكنّ الطّريق ظلّ حيثُ هو، شاهِدًا على لعبةٍ بليدةٍ جرتْ ذات زمنٍ. البدويّون الذين يسكنُونَ بُيُوتًا متباعدة بضواحي مدينة تتقدّمُ نحوهُم باستمرار، تخوّفوا بدورِهِمْ؛ الطريق يعني وصول الدّولة على نحو أكبر إليهم. كانت مخاوفهم أعمق من ضرائب جديدة

ومضايقات تطال حياتهم الهادئة. يمرّ القطار بين حقولهم وبساتينهم كوحش ويختفي. يقتل أحيانًا رؤوس ماشية، ويأكل في أخرى أرواحًا داهمها الفولاذ على حين غرّة، لكنّه لا يتوقّفُ على أرضهم. يحمِلُ لعنتَهُ ويمضي بعيدًا إلى أراضٍ أخرى أقلّ حظًّا. كان قرارُهم حاسمًا. عاقبوا المرشّحَ الذي بادَرَ، في آخر ولايته، إلى تهييء الطّريق، فصوّتوا لغريمِهِ. انتهت الطّريق إلى حيث هي، ومعها المخاوف التي أرّقتهم منذ بدأت أولى الآليات في تقليب التّراب.

مشيتُ طويلًا. الهواءُ ينزِلُ من جبال الأطلسِ صافيًا حلوًا، كمياهِ نَهْرٍ، محمّلًا بذاكرة غابات الأرز. تتلوّى الطريق برشاقة أفعى فأمضي معها. قطعتُ أوّلَ الأحياء. كانت بنايات جميلة تحفّها الخضرة.. ثم تراجع الشّجرُ وازدحمت الدّورُ وابتعدتِ السّماءُ.

سماءُ المُدُنِ مقصيّة، كلّما تراجعتِ البناياتُ وارتفعَ الإسمنتُ ازدادت ابتعادًا.

قدِمتُ مع أبي، في عُطلَةٍ من بضعَةِ أيّامٍ، في زيارتي الأولى إلى مكناس. كان عمري تسع سنوات. سافر من الشّاون لِينقلَ بضاعَةً ثمينةً إلى تاجرِ أفرشَةٍ مكناسيّ ألحّ أن يتسلّمها منه، يدًا ليد. كانت الأعلامُ الحمراءُ لا تزالُ ترفرفُ في كلّ الشّوارع مع رياح نوفمبر. إنّها ذكرى المسيرة الخضراء. الملِكُ يخطبُ متوجّهًا إلى الشّعب، كلّ المقاهي تعتمد القناة الوطنية لتنقل الخطابَ الملكيّ المباشِرَ لزبائنها الذين لن يعبّروا لو همسًا عن أيّ اعتراض. صوَرُ الملك الرّاحل كانت في كلّ مكان، كبيرة عملاقة تعكِسُ نظرَتَهُ الواثقةَ، وهدوءَهُ الاستثنائيّ، ليبدو ملكًا خارقًا خالدًا. لَمْ أُصدّقْ يومَ أُعلِنَ عن موت الملك في قناة إخبارية عربية. صُعِقتُ. الملكُ لا يمُوتُ، يتقدّم به العمر، يشيخ أو يمرض، لكنّه لا يموت. كان بالنّسبَةِ لي، لأبي، كما لكثيرين، رجلًا فوق

الطّبيعة، لا يمكن للموت أن يهزِمَهُ. خرجتُ يومها للشّوارع كي أتأكّد، لكنّ أحدًا لم يجرؤ على البوح بكلِمَةٍ. رأيتُ الصّدمةَ في وُجُوهِ النّاسِ، دهشتَهُم وصمتَهُم. لمّا نطقتِ القناة الوطنية بالنّبأ، وأذيع القرآن، غمرني إحساسٌ غريبٌ؛ أنّ ثمّةَ شيئًا عادِلًا في هذه الحياةِ؛ شيءٌ يستوي أمامهُ الجميعُ، ولا يستثني أحدًا. لقد ماتَ الملِكُ. هدأتُ أخيرًا، ثمّ انقلبتُ عائدًا إلى البيتِ، حيث بدتْ حالَةُ الحداد تعمّ الشّاون بأكمَلِهَا.

مكناسُ فارغةٌ هي الأخرى. مُدُنٌ بلا غيتة مُدُنٌ يتيمَةٌ بائِسَةٌ؛ عُمْرانٌ بِلا رُوحٍ. بَرْدُ جِبَالِ الأطلس ينزل قويًّا نافذًا، والخريفُ الثّقيلُ يفتك بكلّ شيء. قطعتُ شوارع كثيرة، زرتُ ضريح المولى إسماعيل، وصهريج الأواني، وحبس قارة. تنفّسْتُ التّاريخَ. كنتُ، على خلافِ النّاسِ الذين يدخلون ويخرجون، على وعي بما أرى وما ألمس. عندما طوت الشّمس ظهر النّهار، ومالت الظّلالُ تطلب المغيب، لذتُ إلى مقهى «ركس»، في حيّ «حمرية»، حيث الأشجار تواصِلُ وُقُوفَها بانتظام؛ تُكابِدُ الأيّامَ، في لعبة يتواطأ فيها الجميعُ لسبَبٍ مجهولٍ. ستمضي السحب والطيور، وترتعش الأغصان العارية، ويرفع الفلاحون المعاول في الضّواحي ليجرفوا الطّينَ والحجارة عن السّواقي، ويحمل الصِّبية المحافظ في مدارسِهِمُ، ويقصدون بيوتًا باردةً كئيبةً، وتمارس النّساءُ والصّبايا الحبَّ، بلا شروط، ولا قواعد، في كلّ الأماكن المتاحة، ابتغاء التمرّد والعصيان، في حياة تقسو على الجميع.

وضع النّادِلُ الفنجانَ. جاهَدَ ليبتسِمَ. خانتْهُ الرّغبَةُ فعدَلَ. أشاحَ عنّي. كانَ كبيرًا بما يكفي ليقضي خريفَ العُمُرِ في هناءٍ أو لِيَمُوتَ. لكنّهُ، ككلّ شيءٍ على هذه الأرضِ، يواصِلُ الوقوفَ، عن كُرْهٍ.

5
حُـــــدُودُ النّـــفْسِ

أصيلة

2017/08/30

- ثمّة حدودٌ أخرى، يا أمين؛ حدودٌ أعظمُ بأسًا وأشدُّ خطرًا من الأسلاك والحَرَسِ.

قالت غيتة وهي تضَعُ ملابسَها في الحقيبة. جلستُ خلْفها على كرسيّ صغيرٍ مِنَ الخشَبِ وكانَ البابُ المفضي إلى الحديقة الأمامية مفتوحًا، عبره تتسلّل الرّيح إلى السّتائر والشّراشف فتهزّها. تُفضّلُ غيتة تَرْكَ الأبوابِ مفتوحةً. «خلف الأبواب الموصدة يوجد القهر»، تقول باستمرار. تبتسم كطفلة، تضيفُ كلّ مرّة: «وبعيدًا عن الأسوار، في الأعالي، يوجَدُ القمَرُ حرًّا، والسّحُبُ طليقةً تسبَحُ في السّمواتِ؛ توجَدُ حياةٌ لا تحدّها حدُودٌ».

في البيت، وفي الحديقة، كراسيُّ كثيرةٌ. كراسيُّ الخشبِ الصّغيرةُ تستدعي طفولتي، عندما كان العَجَزَةُ يعتمدونها على عتَبات الأبوابِ ومداخِلِ دُرُوبِ الشّاون وَهُمُ يلَعِبُونَ الورقَ ويدخّنونَ التّبغَ. الصّغيرة منها، على خلاف الكبيرة ذات الجلدِ الفاخرِ، محبوبَةٌ لدى الأهالي هناك في الشّاون، وهنا في أصيلة، لأنّها الأقرب إلى قلوب البسطاء ويومياتهم. غيتة تحبّها بدورها. كنّا نجلسُ عليها مساء، كما يفعلُ العجزةُ، ونرتشفُ الشّايَ. رأسُها على كتِفِي ويدي في حُضْنِها.

كانت أيّامًا جميلة رائعة تنسيك آماسيُّها صباحاتِهَا. عُمُرُ الأيّام الجميلة قصيرٌ.

أنظُرُ إلى غيتة من خلْف. ظهرُها أجمل وحزام حمّالةِ الصّدر الحمراء يقسمه نصفين. على يسارها النّافذة مفتوحة على المحيط. «خريفٌ مبكرٌ»، فكّرتُ. رائحَةُ الأوراقِ الذّابلةِ تختلِطُ مع رائحةِ البحرِ. في الصّدر تدفعُ الرّيحُ كثيرًا من المشاهِدِ إلى عتباتٍ جديدةٍ، حيث تتوالى أبوابٌ ونوافذُ لا تعقبُهَا أسوارٌ.

تستديرُ نحوي. في كلّ مرّة يباغتني جمالُها. أكتشف أنّها أجمل ممّا حسِبتُ في المرّات السّابقة، أكبَرُ مِنْ كُلّ الحساباتِ والمخاوِفِ. غيتة مكسبٌ كيفما كان حجم الخسارة. تعقد يديها فوق بطنها فيعلو صدرها أكثر، تتقدّم نحوي ببطء. يستفزّني هدوءُها. ثِقَتُهَا تمنَحُهَا طابعَ الخلود والقداسة معًا. أمدُّ يدي لألامِسَها. مع غيتة يصيرُ للجسدِ لغةٌ أخرى، يُصْبِحُ مُقَاوِمًا للابتذالِ والتّسلّطِ.

تغيمُ السّماءُ نكايَةً في صَحْوِ الأيّامِ التي خلتْ. تتحرّكُ الرّيحُ أكثَرَ. أشعرُ بالبَرْدِ. في الحديقَةِ تتمايَلُ الأغصانُ ويتساقَطُ مزيدٌ من الأوراقِ. أرتجِفُ، أفكّرُ في السّرير. «لا وقتَ للفراشِ»، تقولُ عيناها. أُذْعِنُ. من بعيد يصلُ نباحُ كلبٍ. تردّ عليه كِلابٌ أقرب في حدائق الدّور التي في الجوار. هديرُ البحرِ خافتٌ مفعمٌ بالشّجنِ شفّافٌ؛ يترُكُ لكُلّ الأصواتِ أن تتجلّى.

- غيتة، أنا أعشقكِ.

تقدّمتْ غيتة نحوي أكثر، جلستْ على ركبتيّ، ثمّ نظرتْ، عبرَ النّافذةِ، إلى المحيطِ. كانت الفجواتُ بين الغيوم قد ضاقت، ونورُ الشّمسِ قد خَبَا. مِثْلَ رجُلٍ مريضٍ يُقبِلُ النّهار على نهايته. في الأفُقِ الغائِمِ يزحفُ الظّلامُ جارًّا خلْفَهُ ليلًا طويلًا. ارتختْ على صدري. طوّقتُها. واصلتْ:

- حُدُودُ النّفْسِ أبقى وأصْلَبُ، حبيبي. فيما تتمدّدُ الأوطانُ وتتقلّصُ، تبقى هي ثابتة، كأحقاد دفينة، تنتظِرُ بصبر وأناة الوقتَ الأنسبَ لتصنع مزيدًا من الحدود، وتفرّخ أحقادًا أخرى.

طبعتُ قبلةً على خدِّهَا. كان جسدُها باردًا جدًّا؛ قطعة من جليد. غازلتُها. لَمْ تستجِبْ. كانت غائبة في هواجسِهَا.

- ماذا يزعجك، يا غيتة؟

تنهّدتْ. لمستْ يدي ففككتُ طوقَها. عادت ببطءٍ إلى الحقيبَةِ. نظرتْ عبرَ البابِ إلى أشجار الحديقة التي أخذت تتعرّى، ثمّ استأنفتْ ترتيبَ ملابسِها. أثارتني مجدّدًا تلك الدّمى التي تلازِمُهَا باستمرارٍ. الدّمى أوّلُ ما تحمِلُ من الحقيبة إذا دخلتْ بيتًا، وآخر ما تضَعُ فيها.

اشترتْ دمى كثيرَةً مِنْ أسواقِ أصيلة. تفرَحُ كلّما رأت دميَةً أكثرَ اختلافًا. آمنتْ أنّ الدّمى تحمِلُ أرواح مصمّميها. قلتُ لها:

- لا تزالُ الطّفلةُ تسكنكِ، يا غيتة.

- الطّفلَةُ هي الخلاصُ من الشّرّ الذي يسكنُنَا، يا أمين.

6
الطُّرُقُ المُعبّدةُ

أصيلة

01/ 09/ 2017

في طريق عودتنا إلى فاس كان وَقْعُ الخريف أحدّ. خرجنا من أصيلة يُشيِّعُنا الصّمتُ. كانَ عسيرًا علينا معًا أن نعود إلى الحياة التي قَدِمْنَا منها، هي إلى بيت العائلة وأنا إلى أُسْرَتِي. خُضْنَا مُرْغَمَيْنِ. تتابعتِ الأشجارُ التي تحفّ جنباتِ الطّريقِ تتسابقُ نحوَ الماضي. كلُّ شيءٍ نتركُهُ خلفنَا لن يعود أبدًا. عندما أثقل الصّمت توقّفنا في محطّةِ استراحة. حاولتْ أن تبتسم، جاهدتْ لتُخفي اضطرابَها، لكنّها أخفقتْ. انزلق الفنجانُ من بين أصابِعِهَا، فاندلقتِ القهوةُ على الطّاولَةِ. اعتذرتْ:

- آسفة.
- أمْرٌ بسيطٌ.

في الطّريقِ سقط المطرُ مدرارًا. كأنَّ السّماءَ غضبى، هاجَتْ فلَوَتِ الرّيحُ أعناقَ الشَّجَرِ. في الأعالي تجمّعَ الضّبابُ فغابَتِ القِمَمُ. انزلقتْ سيّاراتٌ كثيرةٌ في الوحل كما انزلقتْ همّةُ الصّيفِ إلى فُتُورِ الخريفِ. لَمْ تثرها شاحناتُ الدّعمِ ولا الأُسَرُ الواقفةُ في انتظار سَحْبِ السيّارات العالقة. كانتْ غارقة في هواجسها. أغاني الفنانة المغربية «أم» لامسَتْ عواطِفَنَا معًا. منعطفاتٌ كثيرَةٌ توالَتْ؛ مُنعرَجاتٌ تَلِدُ أخرى، كأنّنا نعبُرُ طريقًا بلا نهاية. رغم الألَمِ تمنّيتُ

ألا ينتهي الطّريق. مددتُ يدي إلى شَعْرِهَا. كان لا يزالُ رطبًا يحتفِظُ ببرودَةِ المُحِيطِ. ناوشتُهَا:

- هذه الطّريقُ تلزمنا بمسار وحيد، يا غيتة، تأتي مثل قَدَرٍ مكشوفٍ؛ مفضوحٍ مبتذلٍ، لكنّنا رغم قناعاتِنَا لا نملك الجُرأَةَ اللازِمَةَ على الانزياح خارج المسار.

تنهّدتْ، مال رأسُهَا إلى اليسار قليلًا، ألقتْ نظرةً سريعةً على المسالِكِ التي تتفرّعُ على يمين الطّريق. هزّتْ رأسَها بأسى:

- حياةٌ بلا إسفلتٍ، ولا طرُقٍ معبّدةٍ، حياةٌ أرقى يا أمين.

أشدّ على العجلةِ بكلتا يديّ، أضاعِفُ سُرْعَةَ المرسيدس التي تلتهِمُ الطّريق بشراهة. يرتفِعُ صفيرُ الإطارات التي ترمي الماء بعيدًا. في الخارج يطلي اللّون الرّماديّ الغامقُ العالَمَ. تتلاشى الألوانُ، وتتداخلُ الأشكالُ، وينزِلُ الضّبابُ أكثر؛ يبتلِعُ الأرضَ بالتّدريجِ.

أجبتُها:

- صدقتِ حبيبتي؛ حياة أذكى بلا شك.

ترتخي في كرسيّها وتمدّ ساقيها قليلًا إلى الأمام. تَصْرفُ السّرعةُ شيئًا من توتّرِها وتوتّري. حركةُ ماسحيّ الزّجاجِ الرّتيبةُ المتلاحقةُ تصِفُ عالمًا ثابتًا يكرّرُ نفسَهُ باستمرَارٍ.

- سُبُلٌ ممكنةٌ يا أمين، متاحةٌ كما تعلم، لكنّها في الوقتِ نفسِه موحّلة شائكة، قد تنتهي في السّفوح أو تتلوّى لِتَعُودَ إلى الطّريقِ الذي تفرعت عنه.

يقتُلُني ذكاءُها. أخفّفُ مِنْ سرعَةِ السيارة، أسحبُها بيُسرَايَ، أضمّها، أقبِّلُ رأسَها. رائِحَةُ شعرِهَا تُحيِي داخلي دِفْءَ السّريرِ. تحذّرني:

- انتبه للطريق يا أمين.
- الموت في حضنك نزهة.

قبّلت يدَهَا. يدُها بارِدَةٌ كما كانت. غرقتْ في الطّريقِ مجددًّا. أرخيتُها فتركّزت عيناي على الإسفلتِ دقائقَ. تكاثفت الغيوم أكثر، اسودّت السّماء وماجَ المطر على أرض سالت مياهًا دافقة.

هناك، في نهاية هذه الطّريق، أو الأحرى في نقطة من نقط عبورها الكثيرة، توجد مدينة فاس، السّاكنةُ أسفل جبل «زلاغ». هناك، في كلّ بيت من بيوت المدينة العتيقة المسقوفة دروبها بالقصب، يسكن الماضي.

كلُّ مُدُنِ هذه الأرض مُدُنُ ماضٍ، لا تستقيم فيها الحياة إلا إذا انتهى اليوم الجديد إلى بداية اليوم الذي خلا.

نظرتُ إلى أعلى، تحت الغيوم الواطئة وبين الضّبابِ سِرْبٌ يقاوِمُ العاصفة ويمضي. على جانبيّ الطريق تلوي الرّيحُ أعناقَ الشّجرِ، فتكسر بعضها ويستمرّ آخر واقفًا. أمامي يمتدّ الطّريق أبله، ببلادته يواصل خلف الخطّ الذي رُسِمَ له قبل مئات السّنين.

صغيرًا، في صفوف المدرسة الابتدائية، عندما كان أقراني يرسمون الحروف مقتفين الخطوط المسطرة، كنت أجنح؛ أصعد إلى أعلى وأنزل. عاقبني المدرّس، حاول أن يقوّمني. مع الأيّام أدرك أنّني أكره الخطوط المستقيمة فرفع يده عنّي.

انتقلتُ إلى السّرعةِ القصوى. بلا حسابات، انعطفتُ يسارًا، خضتُ في سبيل فرعي. صرخت غيتة مع انزلاق عجلات السيارة في الوحل. في صدري طفحت لذة الطفل الصّغير المنتشي بخروجه عن السّطر مرّة أخرى. اصطدمت السيارة بكوخ للدّجاج. اخترقت جدران القش والطّين، فتطايرت

الفراخ الهاجعة في دفء التبن. من الجهة الأخرى ظهرت زريبة للخرفان. توقّفتِ السيارة أخيرًا، خمد صوتُ المحرك. أزيز ماسحتي الزّجاجِ استمرّ رتيبًا سريعًا يدفع المطر.

- أحبّكَ بقدر كرهي للعالم القديم.

قالت غيتة.

- أحبّكِ بقدر عشقي للحياة.

قلتُ لها.

البابُ الخلفيُّ الثّاني
خُرُوقَاتٌ

إهداء:
إلى الفتاة ذات الوجه الباش؛ بائعة الكتب.

1

حِكَايَةُ العبّاسِ؛ نادِلُ مقهى ركس

مكناس

23/ 09/ 2018

باقترابِ الظّهيرة أخذ المقهى يتنفّس؛ يتخفّف من زبائنه، رَحَلَ رُوَادٌ كُثُرٌ. مكانَهُم أَوْرَقَتْ فراغاتٌ صغيرَةٌ. مِثْلَ تمزّقَاتٍ في غِشاء سلوفان رهيف ستكبر. الفراغاتُ الأولى لا ينتبه إليها أحد. عندما ارتفع آذان مسجد قريب تحوّلتِ التّمزّقات إلى شروخٍ.

بَرْدُ مكناس حاقد، يخترق، يمزّق.. ثمّ يتلهّى بكسر العظام.

مع ارتفاع كلمات الآذان أمكن للنّادل العجوز أنْ يتوقّفَ قليلًا ليلتقط أنفاسه وينظر إلى الخلْفِ. هذا الرّجل اليابس كعود جففته الشّمسُ وحمّصته النّارُ يحنّ إلى ماضيه. الفجوَاتُ التي يُخَلّفُها الآذان تُنْعِشُهُ. فراغاتٌ تختلف، كالرّزق، حسب الأيّام، تعظُمُ أيّامَ الجمعةِ وتضيقُ في الآحاد. ليلًا لا بُدَّ أنْ يَحْمِلَهَا معه كصيدٍ ثمينٍ، يحصيها في فراش النّوم بَدَلَ دراهِمِ يومِهِ.

ثمّةَ دومًا فراغاتٌ، حبيبتي غيتة، فراغاتٌ في كُلِّ شيءٍ، فراغاتٌ تكبرُ وتضيقُ لِتَصِفَ عالمًا منسيًّا، عالَمًا يتمزّقُ باستمرارٍ. فراغاتٌ في النّفس، فراغاتٌ في الذّاكرةِ، وفراغاتٌ في الزّمانِ والمكانِ. النّادلُ العجُوزُ يقرأ في فراغات المقهى سِيرَتَهُ. عندما تتلاقى وتنبسِطُ يكون يومُهُ قد انتهى، لمّا

تختفي يكون عليه أنْ يُسَايِرَ وقتَ الذّروةِ، حيث تكثُرُ الطّلباتُ، ولا يكون له وقت ليبتلِعَ ريقَهُ.

غيتة، قلتِ يومًا إنّ الفراغات التي بين الغيوم أجمَلُ من الغيوم نفسِها، وإنّ البياضات التي بين الحروف أعظَمُ مِنَ الحروف نفسِها. غيتة، كنت تقصدين نفسَكِ. أفهم الآن كلماتِكِ جيّدًا. نعم، هو كذلك بالفعلِ؛ الغيابُ أبلَغُ مِنَ الحُضُورِ.

ها أنا أملأُ، عبْرَ وَجْهِ رَجُلٍ شاخَ قبْلَ الأوان، فراغًا آخرَ. كُنْتِ لِتَسْعَدِي وأنتِ تملئين معي الفراغاتِ بهواجِسِنَا وتمرّدِنَا الذي لا تحدّهُ حُدُودٌ.

لعبة السّردِ عِشقٌ ثانٍ، تعلمين أكثرَ من غيرِكِ، حبيبتي. والسّردُ، كما العِشق، يحتاجُ إلى مُلامَسَةِ المحظورِ ليتجلّى بهيًّا لافتًا فاحِشًا بكلّ المعاني. حُبُّنَا جاءَ عاصِفًا، يحوطه المَنْعُ والتّحرِيمُ. أحلُمُ بِسَرْدٍ يحتوي غضبَنَا على العالَمِ ورفضَنَا للبداهاتِ. لعلّ وَجْهَ النّادِلِ بِكُلِّ البؤسِ الذي يحمِلُ، وإخفاقاتِ العُمُرِ التي تفضَحُ سيرَةَ أجيَالٍ، فرصَةٌ تواتي خرقًا جديدًا.

أمّي تقولُ إنّ الحياةَ المسكونَةَ بالرّتابَةِ تحتاجُ إلى خَرْقٍ مستمِرٍّ. دونَهُ لا يتأتّى الغَدُ مِنْ صُلْبِ الأمسِ، وحياتُنَا رتابةٌ كلّها، يا غيتة، لا يفرقُ فيها الحاضِرُ عمّا مَضى.

فرَدْتُ ورقةً بيضاءَ على الطّاولةِ، نظرتُ إلى النّادل، طلبتُ فنجانًا آخر فتكدّر وَجْهُهُ. أفسدتُ متعتَهُ المؤقّتَةَ بطلبي. راح ليجلبَ الفنجانَ فانكببتُ بِنَفَسٍ واحِدٍ. كتبتُ:

«عاد العبَّاسُ ليلًا إلى بيتِ الإيجارِ الصّغير في حَيِّ (الروامزين)، بعدما رَحَل عَنِ المقهى كُلّ الروادِ. قبيْلَ مُنتصفِ اللّيلِ يَكُونُ الباعة قد أغلقوا محلاتهم، وأصحابُ الكراريس قد أخلوا أماكنهم ورحَلُوا إلى أحياء البرج

وعين الشبيك وسيدي بابا. بَدَلَ الازدحامِ واللّغطِ وهرَجِ الباعَةِ وأبواقِ السيارات يعمّ السُّكُونُ. تأتي حياةُ اللّيل كانتقامٍ مِنْ حياةِ النّهارِ؛ حركةٌ مُفرطَةٌ يعقبُها سكُونٌ مُطْبِقٌ.

ينسلُّ العبّاسُ مِنْ شَوارِعِ حَيٍّ (حمرية) بطابعها الاستعماريّ المُتَغطرِسِ إلى ضِيقِ (الروامزين)، يُجَاهِدُ إلى أن يبلغ منتصَفَ الطّريقِ الصّاعِدَةِ نحو (باب منصور)، ثمّ ينعطِفُ يسارًا عبْرَ دربٍ أكثرَ ضيقًا وصمتًا. لَنْ يُضَايقَهُ أحدٌ من السّكارى والصّعاليك واللّصوص. الكُلّ يعرِفُ حكايَةَ العبّاس. لن يجرأ أحدٌ على الاقتراب. يخوضُ الرّجُلُ البَائسُ في منعطفَاتٍ مُتقارِبةٍ إلى أن يَجِدَ نفسَهُ أمامَ بيتِهِ.

يتوقّفُ لحظاتٍ، يبتسِمُ ببلَهٍ وفرَحٍ طفوليّ، يقرعُ البابَ مترفّقًا. لا يريدُ أنْ يُبَاغِتَ زوجتَهُ فيُربكَها. ينقر الدفة برُؤوسِ أصابعه. لمّا لا يستجيبُ أحدٌ يُدَاهِمُهُ الخوفُ القدِيمُ من مكروهٍ حدث في غيابِهِ. يطرقُ البابَ بقوّةٍ عدّة مرّاتٍ. مع صمت دروب (الروامزين) التي يتآخى فيها الموتُ والماضي يصرخُ: (عيشة، أنا العبّاس.. عيشة افتحي، أنا زوجُك، أنا العبّاس).

لن يتوقّفَ العبّاسُ، لا بدّ أن يُحاوِلَ من جديدٍ. في كلّ مرّة يُرَاوِدُهُ الأمَلُ، لعلّها تَدْفَعُ الدفةَ وتُطِلّ عليه. يستجدي، يتوسّل.. عندما تتحوّل فوضاهُ إلى إزعاجٍ لا يُطاقُ، يدفَعُ جارُهُ دفتي نافذتِهِ كاظمًا غيظَهُ، يقول له بصَوتٍ يقطر صَبْرًا:

- اتّقِ اللَه، يا عبّاس، في نفسِك، وفينا. اتّقِ الله، زوجتُكَ ماتت قبل عشرين سنة، وقد دفنتها بيديك وأهلت عليها التّراب في مقبرة عين السلوكي. المفتاح في جيبك، افتح الباب وادخل. ارحمنا يرحمك الله».

وضعتُ القَلَمَ، رفعتُ رأسي وفي الصّدر شيءٌ من وَجَعِ غيتة، فوجدتُهُ يقِفُ إلى جانبي وفي يدِهِ الطلبيّة. وضع الفنجانَ وقنينةَ الماء، باغتني:

- أحْيِها سيّدي، أحيِها حتّى إذا عدتُ ليلًا وجدتُها في الانتظار.

ابتسمتُ في وجهِهِ:

- لا أحدَ يملك الحقّ. لعبةُ السّردِ لا سيّدَ لها.

سحَبَ الكرسيّ. جلسَ للمرّة الأولى إلى جانب زبُونٍ مُخالِفًا أوامِرَ مالكِ المقهى. بدا أكثرَ ضآلةً وأعمَقَ حُزنًا كذلك، أشبَهَ بِبُورتريه الطِّفلِ الباكِي الذي يُعَلّقه أبي فوقَ مَدْخَلِ غُرفَةِ النّومِ. وددتُ أن أواسيه. المُواساةُ جزءٌ مِنَ العالَمِ الرّتيبِ الذي أكرَهُ. لستُ مُسْتَعِدًّا لذلكَ. الألَمُ الفادِحُ أنسَبُ إليّ. أردفَ:

- انتظرتُكَ طويلًا. سنوات وأنا ألبّي طلبات الزّبائن، وأمسَحُ الطّاولات صاغرًا، وأغسلُ الأواني مُكرَهًا. عندما تلوح الفجواتُ أنتظر أن تتحقّقَ الرّؤيا، وينبعِثَ رَجُلٌ في أواخِرِ الثّلاثينياتِ من العُمُرِ، ليُعِيدَهَا إليّ. أنتَ هُوَ، أنت النّبوءَةُ سيّدي.

- لا أستطيع، عذرًا.

شرعتُ في لمّ أغراضي. أمسكَ بيدي يترجّى:

- افعل جميلًا تلقَ الثّوابَ..

تذكّرتُكِ يا غيتة، لاحَ لي وجهُكِ المشرِقُ فمنّيتُ النّفْسَ بالسّارِدِ الأعظم يعيدُكِ إلى مُجرَيَاتِ حكايتي. تردّدْتُ فزاد من استعطافي. لَمْ أَضعفْ، بَلْ كانتْ فُرصَةً تُواتِي خَرْقًا كنتُ بِصَدَدِ البحث عنه. رفعتُ القلمَ فتدفّقَ المِدَادُ على الوَرَقِ:

«قَطَعَ العبّاسُ الشّوارع والدّرُوبَ نفسَها، وعبْر ظلام الأزقّةِ الأخيرة ورائحة الرّطوبة ومُوَاءِ قِطَطٍ تتعارَكُ حَوْلَ حاوياتٍ تفيضُ بالنّفاياتِ قرَعَ دفّةَ

الباب. كان بائِسًا ككلّ مرّة، مُستَاء من خيبَةِ الأمَلِ التي تُطارِدُهُ باستمرارٍ. في أعماقِهِ وَمَض بَرِيقُ أمَلٍ. لَمْ يستسلم لليأس ولا آمن بمستحيلٍ. نَقَرَ على دفَّةَ الباب. لَمْ يردّ أحدٌ. طرَق بعُنْفٍ أكثرَ فأكثَرَ. أوشكَ على البُكَاءِ. لعلّ رجُلَ المقهى باعَهُ الوهمَ كما يبيعُ السّاسَةُ الزّيفَ للبُسطاء كُلّ يومٍ. أكلَهُ الغَيظُ. صرَخَ بِكُلِّ جُوعِهِ القدِيمِ والحرمانِ الذي ملأ كلّ الفراغات وامتدّ ليطالَ بقيّةَ الأحلامِ. صرخَ عاليًا:

-عيشة إمّا تأتي إليَّ أو آتي أنا إليك. عيشة افتحي دفّة البابِ، افتحي لأراكِ لمرّة واحدة، ثمّ ارحلي إلى الأبد.

عادَ جارُهُ ليدفع دفّتي نافذة غرفته، سأله كما المعتاد شيئًا من الهدوء والصّبر والتّسليم بقضاء الله، فعيشة دفنها العبّاس وآهال عليها التُّرابَ بيديه قبل أزيد من عشرين سنة في مقبرة عين السلوكي، كما يدلُّ شاهِدُ قبْرِهَا هُنَاكَ.

كان الجارُ الذي يحتجُّ كلّ ليلةٍ على صوت العبّاس، أكثَرَ الجيرانِ احتياجًا للفوضى التي يحدثها العبّاس. يأتي الزّعيق والخبط على الباب كحبّاتٍ منوّمة لا بد له منها قبل أن يضع رأسه على المخدة وينام. ينتظر عودته بشغفٍ بالغٍ. منظَرُ الرّجل الذي ذبحه غياب زوجته يشعره بالأفضلية. (لستُ أقلّ النّاس حظًّا)، يفكّر. ينتظِرُ أمَامَ التّلفاز الصّامت، يستشعِرُ خطوات العبّاس من أوّل الدّرب. مع اقترابه تتدفّق اللّذة في عروقه. عندما تبلغ الفوضى ذّروتَها يدفع دفتي النّافذة، ويقول له بالنبرة ذاتها: (اتّقِ اللَه، يا عبّاس، في نفسِك، وفينا. اتّقِ الله، زوجتُكَ ماتت قبل عشرين سنة، وقد دفنتها بيديك وأهلت عليها التّراب في مقبرة عين السلوكي. المفتاح في جيبك، افتح الباب وادخل. ارحمنا يرحمك الله).

فُتِحَ البابُ المُغلَقُ بغتَةً، ظهرتْ عيشة خلف الباب بابتسامتها التي لا يمكن لأحد، عدا العبّاس، أن يتذكّرها. صُعِقَ الجارّ، صفق دفتي نافذة غرفته،

وانتبذ الزّاوية ينهشُهُ الرّعبُ. عانَقَ العبّاسُ عيشة، أغلقَ البابَ يخشى على الحلم أن يتبدّد. سحبها برفق إلى المكان الذي ضمّهما للمرّة الأولى قبل عقودٍ بعيدةٍ ليحكي لها تفاصيلَ عشرين سنة من الغياب».

2
فتاةُ المَكتَبةِ

مكناس

2018 /09 /23

طويتُ الأوراقَ، دسَسْتُها في الحقيبة، ثمّ قطعتُ إلى الرّصيف المُقابِلِ. الطّريقُ مثلَ نهرٍ دافقٍ استأنفَ جريانَهُ المحمُومَ عَقِبَ خُمُولِ الظّهيرةِ المؤقّتِ. من الحقيبة تناهى إليّ صوْتُ العبّاسِ هانِئًا مُطمَئِنًّا وقد نالَ المُرادَ عَقِبَ عقدَيْنِ كامِلَيْنِ من الصّبرِ والانتظارِ. قالَ لِزَوجتِهِ:

- والله، يا حبيبتي، ما ندمتُ على عشرين سَنَة من الانتظار، ولا أندم على شيء. أنتِ العُمُرُ كُلّهُ والخيرُ كلّهُ.

بِدَوْرِي، كنتُ راضِيًا على خَرْقِي لِقَاعِدَةٍ من قَوَاعِدِ السّردِ التي احترمتُ سنواتٍ. خطوتُ على الرّصيف..

- عش لحظتك، يا عبّاس، كما اشتَهَيْتَها.

عَلّقتُ. بلغ إليه صوتي واضحًا. التفتَ إلى الخلْفِ، لكنّهُ لَمْ يجِدْ أحدًا. صَرَفَ النّظرَ، وعادَ إلى زوجتِهِ يغدِقُ عليها المَدِيحَ:

- يا مُهْجَةَ الرّوحِ، يا غاليةً على القلبِ، يا...

نظرتُ إلى المقهى. في المَكَانِ الذي كانَ يقفُ فيه النّادلُ ظهرتْ فجوَةٌ لن تَمتَلِئَ سريعًا. سيسأَلُ المُشغِّلُ عن نادلٍ صارَ مع السّنواتِ جزءًا مِنْ ذَاكِرَةِ

المكان؛ إذا غاب لسببٍ سأل عنه الزّبائن واحتجّوا. أحدٌ لن يعطيه جوابًا. اختفى العبّاسُ دفعَةً واحدَةً، وإلى الأبَدِ.

مرّت حافلاتٌ وسيّاراتُ أُجْرَةٍ كثيرةٌ، وغصّ الرّصيفُ بالوُجُوهِ؛ فوضى. في الأفُقِ عادَتِ الغُيُومُ لتعجِنَ وَجْهَ السّماءِ. مضيتُ. في النّفْسِ رغبَةُ عيْشٍ أشدّ اختلافًا؛ أن أرتدي ملابِسَ صُوفيّ وأهيمَ على وَجْهِ الأرضِ ابتغاءَ المجهُولِ.

حبيبتي غيتة، أيُمكِنُني أن أعْثُرَ على سَارِدٍ يعيدُكِ إليّ كما أعدتُ أنا عيشة إلى العبّاسِ؟ رُبّما يُحالِفُني الحظُّ فأنَالَ المُرادَ. لا شيءَ مُستَحِيلٌ، ففوْقَ كُلّ سارِدٍ سَارِدٌ آخرُ أمهَرُ منهُ وأكثرُ حَذقًا.

انعطفتُ يسارًا، خلّفتُ مَجْرَى النّهر وَرَائِي. في الشّوارع الفرعيّةِ تكونُ الحركَةُ أخفّ وطأةً والوُجُوهُ أقلّ قسوةً. يبرُزُ المتسوّلُونَ كذلك بأيديهم التي تمتدّ طويلًا لتعترض سيقان المارّة. تمتدُّ لتنتزِعَ لا لتستجدِيَ الصّدقاتِ.

مكناسُ مدينةٌ جريحَةٌ، تتألّمُ، لكنّها رغمَ الألَمِ تُواصِلُ حَمْلَ ماضيها الطّويلِ وَتَمْضِي ساعِيَةً في دُرُوبِ الزّمَنِ.

شعرتُ بالجُوعِ، فكّرتُ في الدّخول إلى أوّل مطعم أصادفه على الرّصيف. لن أخشى التّسمّم جرّاء طعام فاسدٍ. التّسمّم جزءٌ من لعبة الحياة التي تستهويني. لا بأس أن يعتصرني الألَمُ وأتقيّأ في الشّارع، ثم أركض إلى أيّ مستوصف لإجراء فحص بعد ساعات من الألم المجّاني والإهمال. بدَلَ المَطعَمِ أثارني محلٌّ صغيرٌ لبيع الكتب. توقفتُ، قرأتُ العناوين التي رُتِّبَتْ على رفوف الواجهة الزّجاجيّة: مئة عام من العزلة، ليلة التّنبؤ، خريف البطريرك، الحرب والسِّلم.. كنتُ على يقين أنّني لن أجد أيّ كتاب من إصداراتي، أعرف أنّ هذا الوطن لا يلتفت لأبنائه إلا إذا توفّوا في حوادث

مأساوية أو في زَمَنِ الفضائِحِ. دفعتُ البابَ الزّجاجيّ إلى الدّاخل، رنّ جرَسُ الاستقبال يُعْلِنُ دُخُولَ زبُونٍ جديدٍ، فارتفَعَ مِنْ خَلْفِ المنضدَةِ رأسُ فتاةٍ عشرينيةٍ.

- مرحبًا.
- مرحبًا.

حيّتني بابتسامة هادئة ثمّ تركتني ألقي نظرة على رُفُوفِ مكتبَتِهَا. كانت المكتبةُ، رغم الضّيقِ، مرتّبة بعناية وذوق. قرّرتُ أن أقتني منها كُتُبًا تعبيرًا عن رضايَ. أخذتُ عدّةَ كُتُبٍ؛ في الفلسفة والأدب، ثمّ أضفتُ أخيرًا رواية «ليلة التّنبؤ» للكاتب الأمريكي بول أوستر. أدّيتُ الواجبَ. سألتُها عن كتابٍ محليّينَ. ابتسمتْ:

- محمد شكري.
- نعم، كلنا نقرأ لشكري؛ أقصد كتّابًا مِنَ الحساسِياتِ الجديدَةِ.
- نأتي بالكتب حسب الطّلب. الكتب التي لا قارئ لها...

قاطعتُها:

- مفهوم، لا مكان لها.

كانت المسئولة الوحيدة عن تدبير شئون المكتبة. بكلمات قليلة اتّجهتُ إلى الباب، وقبل أن أسحبه توقّفتُ. اعتراني شُعُورٌ دَاهِمٌ بالفراغِ. كنتُ في حاجة إلى إنسان يؤانسني. تمهّلتُ. لعلّ الخُرُوجَ مِنْ هذا المكانِ لم يحن بعد. وضعتُ السّلّةَ، أعدتُ إخراجَ الكُتُبِ. تظاهرتُ بمراجعة العناوين. جاءَ صوتُ الفتاة عذبًا:

- هل من خدمة، سيّدي؟

نظرتُ إليها بإمعان، انتبهتُ لِحَوَلٍ طفيفٍ بعينها اليُمنى. لكنّها رغم

الحوَلِ كانت جميلةً. لعلّ بساطتَها سِرّ جاذبيتها. حرّكتُ رأسي إيجابًا:

- أنا في حاجة إلى فتاةٍ تؤانسُنِي.

لَمْ تبدُ متفاجِئَةً، اتّسعتْ ابتسامتُها، وارتفَعَ حاجِبٌ أكثرَ مِن مستوى الآخَرِ:

- حسنًا، لك ما تريد.

انتصبتْ. انتبهتُ هذه المرّة لطُولِ قامَتِها ورشاقتها. دون شكّ تداوم على ممارسة الرياضة. قصدتْ أَحَدَ الرّفوفِ، سحبت كتابًا وعادت إليّ.

- لعلّك تبحثُ عن هذا؟

أمسكتُ الكتابَ. «فتاةٌ مِنْ وَرَقٍ» للكاتب الفرنسيّ غيوم ميسو. تطلعتُ إليها. لا تزالُ مُحافِظَةً على هدوئها وبسمتها الواثِقَةِ.

- فتاةٌ من ورقٍ؛ إنّها التي أريد.

- حسنًا، إنّها هديّةٌ منّي إليك.

بدَتِ الفكرةُ مقنعة، تواتي الظّرف بامتياز.

- نعم، جيد.

قلتُ بصوتٍ بدا نشازًا في هدوء المكتبة. عاد حاجب الفتاة ليرتفع دون أن يتخلّى وجهُهَا الباشّ عن ابتسامته الرّسمية. عندما ارتفع جرسُ الباب مُعْلِنًا عن دُخُولِ زَبُونٍ جديدٍ، كنتُ قد حَسمتُ أمري.

- آنستي، أشكرك، أسديتِ لي جميلًا يعني الكثير.

عبّرتْ عن الرّضا، التفتتْ إلى الزّبون الجديد.

- تفضّل.

وقبْلَ أن تخصَّ الزّائرَ بعنايتِهَا أمسكتُها من يدها، سحبتُهَا نحوي بجرأة أكبر. كانت هادئة رصينة، فيها كثير من شخصيات الرّوايات. امتزج عالَمُهَا بِعَالَمِ الكُتُبِ فصارَا مِنْ طينةٍ واحِدَةٍ. نظرتُ في عينيها:

- اعطني شيئًا من وقتك. أعدك، لن تندمي.

- اِممم.

نظرتْ نَحْوَ الزّبون. كان مستغرقًا في تصفّحِ كتاب «مجمل تاريخ المغرب» لعبد الله العروي. بدا عالمُها رتيبًا يحتاج إلى رياح جديدة كي يتحرّك مجدّدًا. أومأتْ برأسِها.

- لا بأس، موافقة.

سحبتُها إلى الدّاخل، مررتُ ببُطءٍ إلى جوار الرّفوف. توقّفتُ لحظاتٍ، تأملتُ الجدارَ، ثمّ وضعتُ أصبعي. بدت مستغربة. كان سلوكًا غريبًا؛ رسمتُ في الفراغ شكل باب متوسّط الحجم. بادرتُ:

- محلّ جميل، لكنّه أصغر ممّا ينبغي. يُفترَضُ أن يكون لك فضاء خاصّ تضعين فيه الكتب قبل عرضها للبيع، ومكانٌ للمبيت أو أخذ قسط من الرّاحة. ما رأيك؟

ضحكت دون أن تخفي شيئًا من امتعاض. علّقت:

- بابٌ خلفيّ.
- يمكنك عَدُّه كذلك.

مال رأسُها يسارًا. إلى حد كبير كان توقّعها قد خاب. أحجمت عن التّفاعل معي. صار كلامي أخرقًا. شكّت أخيرًا في سلامةِ عقلي. تابعتُ:

- سيكون لكِ، ويصير من حقّك التّصرّف فيه كما تشائين.

استدارت لتعود إلى مقعدها. وضعتُ يدي على كتفها. تحرّكتْ داخلها غريزة الأنثى، لكنّها استدركتْ. أجابت بمهنية:

- في كلّ الأحوال لم تعد المساحة مهمّة، سيّدي، كما كان الأمر في السّابق. أنا أبيع آلاف الكتب عبر النت. أدخل إلى بيوت النّاس عبر هواتفهم وحواسيبهم، أرسل عن بعد، وأتسَلَّمُ عن بعد. هذا المحل...

قاطعتُها:

- خلّفَهُ والدي من جُمْلَةِ ما خلّف من تركة، وكنتُ الوريثَ الوحيدَ بعدما مات أخي في حادثة سير، ولحقته أمّي حزنًا عليه. محلّ صغير في شارِع جانبي ضيّق، لكنّني أدرته بكفاءَةٍ وحِرفيّة. جاءتِ الأرباحُ وفيرة، أوفر ممّا حصّلَ أبي وأخي، وممّا تربح المكتبة التي في الشّارع الكبير.

أدهشتها دِقّةُ المعلوماتِ. نظرتْ إليّ بإمعان تبحثُ عن تفسيرٍ منطقي. تحسّستُ الحائِطَ بكلتا يديّ، في موضع معيّن أعْمَلْتُ أظافري، ثمّ سحبت غشاء الورق الذي يُغلِّفُ الجِدَارَ. كانت أغلفة متراكمة بعضها فوق بعض. في كلّ مرّة يضيفون مزيدًا من الورق ليزيّنُوا جُدرَانَ المَحلِّ. قلتُ:

- مع كلّ غلافٍ كانوا يبتعدون عن الباب.

تحت ورق الجدران ظهر باب مكتمل من خشب الجوخ. زاد ارتباكُها. كان الباب جزءًا أصليًا من البناء. تراجعت خطوة إلى الخلف:

- مستحيل.
- ستتعلّمين آنستي، منذ اليوم، أنّ المستحيل أكبر أكذوبة علّمها لنا آباؤنا. الحدود على اختلافها وَهْمٌ، تنهارُ من تلقاء نفسها، ومعها المنطِقُ الذي حرصها لآلاف السّنين.
- من فضلك...

قاطعتها مجدّدًا:

- جرّبي، هذا جزءٌ من العالم الجديد، حيث لا قواعد، ولا حدود، ولا منطق ثابت يحكمنا بضوابط صارمة.
- كيف أمكنك أن...

- الأمْرُ أبسط ممّا تتخيّلين، يتّسِعُ العالَمُ عندما نملك القدرةَ على التّأثير والفِعْلِ، كما يضيقُ إذا تضاعف عجزُنَا. ما دُمْنَا واثقين في القواعد القديمة سيظل العالم القديم قائمًا راسيًا، كما كان. ضعي يدَكِ على المقبض وافتحي الباب، جرّبي اختراق الجدران، ولن تندمي.

تردّدتْ. رنّ جَرَسُ البابِ. كانَ الزّبونُ قد غادَرَ المحلّ. حسمَتْ أمرَها، وضعتْ يدَها على المقبض لتعيش التّجربة إلى آخرها، دفعتْ دفّةَ الباب فظهرت قاعةٌ كبيرَةٌ انتظمَتْ فيها رُفُوفٌ كثيرَةٌ. ربّتُّ على كتِفِهَا:

- كانتِ القاعَةُ هُنَا منذ اقتناها التّاجِرُ الأوّلُ. الذين مرّوا على المحلّ كانوا مقتنعين أنّ خلف هذا الغلاف يوجد جدار من إسمنت، لذا لم يمزقوه، بل أضافوا فوقَهُ أغلِفَةً أخرى.

شعرتُ بالاكتفاء. فكّرتُ في الانصراف. خطوتُ إلى الباب، وقبْلَ أن يرنّ الجرسُ قلتُ لها بثِقَةٍ لَمْ تعهدها في غيري:

- أحببتُكِ، لذا سأحمِلُكِ معي لنكُونَ، منذ اليومِ، جنبًا إلى جَنْبٍ.

3
ريم كيليطو

مكناس

مساء

2018/09/23

سِرْتُ على الرّصيفِ أستعِيدُ ما جرى. كان صوتُ فتاةِ المكتبةِ واضِحًا يطرقُ أذني. داعبتُ الحَقِيبَةَ، طبطبتُ عليها بحنوّ فاستكانتْ. أمرٌ جميلٌ أن تُشَارِكَنِي عالمي شخصياتٌ أرتضيها. ما كنتُ أحسبُ أنّ السّردَ يُضاهِي السّحرَ، وأنّ الرواة، مِثْلَ أنبياء، يُمكِنُ لَهُم أن يُبشّروا بولادَةِ العالَمِ الجَدِيدِ.

- ستعلمين، عزيزتي، أنّ المستحيلَ محضُ وَهْمٍ.

يتناهى إليكِ صَوْتِي، تلتفِتِينَ إلى الخَلْفِ فلا تجدينَ أحدًا. يُرَاوِدُكِ شعورٌ ملتبِسٌ، تفكّرينَ بعمقٍ أنّ شيئًا غريبًا قد طرأ على حياتك، وبدّل عالمك. يُداهِمُكِ الخوفُ، تغلقينَ البابَ الذي فُتِحَ في جِدَارِ مكتبتِكِ، تُعِيدينَ الوَرَقَ اللاصِقَ، ثمّ تعودين إلى المنضدَةِ، تقرّرين أن تنسَيْ الرّجُل الغريب الأطوار الذي دخل حياتكِ فأفسدَها. عبثًا ستحاولين.

عَزِيزَتِي، بِدُخُولِي إلى حَيَاتِكِ تَدْخُلِينَ لعبةً جديدةً بلا قواعِدَ راسيةٍ. يُمكِنُكِ أنْ تفتحي بابَ المكتبَةِ، بَدَلَ الرّصيفِ، تجدينَ الصّحراء ماثلة أمامَكِ، أو تباغتك جِبَالُ الأطلسِ التي ما زُرْتِهَا يَوْمًا وهي على بعد أميالٍ من مدينتك. قد يحدُثُ وتستفيقين بذاكِرَةٍ أخرى؛ غير ذاكرتك الأولى. لَنْ تلحظي الفروق،

فكُلّ شيءٍ يتبدّل، في لعبة دائمة التّحوّل، بانسيابٍ تامٍّ ومُرُونَةٍ لا تُثِيرُ الشّكّ.

أحلامُكِ أمسِ كانت مختلفة عن المألوف. جاءت كنبوءة لما شَهدتِهِ اليومَ. رأيتِ بيوتًا تنفتح على بحارٍ لَمْ تعهديها. خلفك كانت الدُّورُ أسقفًا بلا جدران. لم تسألِي أَحَدًا تفسيرًا. آمنتِ بأنّ الأحلام تنبعِثُ من الماضي، ولا قُدْرَةَ لها على اختراق المستقبلِ.

عندما نظرتُ إلى عينيكِ رأيتُ فيك غيتة. أعرِفُ أنّني صِرتُ، منذ ماتت، أرى وَجْهَهَا في كلّ النّساءِ. لكنّك، على خلافِ البقيّة، كنتِ الأقربَ، لذا وَجَبَ عليكِ أن تكوني معنا لنعيش القَدَرَ نَفْسَهُ، ونَخُوضَ التّحدّي ذاتَهُ مجتمعين. تنتظِرُنَا وِلادَةُ عَالَمٍ بلا حُدُودٍ، ولا زيفٍ. عالَمٌ أرحب، بلا سادة ولا أجراء ولا حرب.

- ألا تستحقّ لعبتنا الخَوْضَ عزيزتي؟

أعودُ إلى الكرسيّ في المقهى نفسِهِ. مأخوذًا بصيدي أحمِلُ القلَمَ وأكتُبُ. أكتُبُ بلا انقطَاعٍ. مَعَ الحُرُوفِ تلتئِمُ كثيرٌ من التّفاصيلِ في صُورَةِ وُجُودٍ فارِقٍ. تظهرينَ في حُلَّةٍ أبهى، ياه، أراكِ تمضينَ نزِقَةً من شارعٍ إلى شارعٍ. في محَلّ للبقالَةِ يتحدّثُ البَائعُ إليكِ. يعرِفُكِ إبراهيمُ البقّالُ منذ مدّةٍ، لن ينتبِهَ إلى أنّك طارئةٌ على عالمِهِ، وليس في وُسْعِهِ أن يفعَلَ. تتبضّعينَ ثمّ تُواصلِينَ سبيلكِ في دُرُوبِ عالَمِكِ المُبتكَرِ.

لن يُجْدِيَ إغلاقُ البابِ الذي فتحتُ نفعًا. الأبوابُ تفتح في صدورنا. تلك التي مِن حَجَرٍ وإسمنتٍ لا قيمَةَ لها. أنتِ الآنَ أخرى مغايرة. ستُواصِلُ النسخةُ القديمَةُ عيشتك الأولى. دومًا ثمّة احتمالٌ لولادة عالَمٍ مِنْ صُلْبِ آخرَ.

أُغرِقُ، يأخذني سِحْرُ السّرد إلى مزيد من المتاهات. أفكّرُ في حياتِكِ في فاس، بيتكِ في دروب المدينة القديمة، وتلك الخلافات الصّغيرة التي شغلتْ

عالمك هناك. تنهضُ أسوارُ المدينَةِ العتيقَةِ في ذاكرتِكِ، تكسو التّفاصيلُ الدّقيقَةُ الأشياءَ والوُجُوهَ والأحداثَ كما يكسو اللّحمُ العظمَ فتصيرينَ على استعدادٍ لخوضِ معركةٍ أكبَرَ، في مُهِمّة أجلّ، في عالم أكثر انفتاحًا وقابلية للتّغيير والعطاءِ.

في يومياتك الأولى كتبتِ وأنتِ خلْفَ المنضدَةِ ترقّبينَ زبائنَ جُدُدًا: «إنّ حياةً تكرّسُ ما مضى لا تناسبني». كنت متأثّرةً بكتابات نيتشه. عُلبَةُ الدّيناميت انفجرَتْ بغتَةً، وها أنتِ تلعبينَ اللّعبةَ الأسلَمَ، وتخوضينَ الدَّوْرَ الذي يواتي جَلالَ قَدْرِكِ.

- ريم، مرحبًا بك في سرديِاتِي.

4
وِلادَةٌ أخرى

مكناس/ البرج

2018 /09 /23

عندما أفرغتُ شيئًا ممّا في جعبتي، كان الحيُّ قد صار إلى آخَرَ. مالتِ الشّمسُ تجرّ يومًا إلى نهايتِه. في السّماءِ تحوّلتِ الغيُومُ إلى فلول، على الأرض امتدّتِ ظلالٌ وَهِنَةٌ، ثمّ تراخت في عبُورِها المتخاذِلِ فوق الأسطُحِ الواطِئَةِ. مددتُ بصري، سُطُوح تعقبُ أخرى مثل هزائم متلاحقة مذلّة. تنفّستُ مِلْءَ رئتيّ. من على سطح بعيد لاحَ وَجْهٌ بلا ملامِحَ. لوّحتُ له فلم يستجب. نظرتُ إلى أوراقي فلم أرَ له أثرًا. «عذرًا، لا مكان لك هنا».

عدتُ إلى المقهى؛ بِضعَةُ كراسيّ من البلاستيك على أرضية من الزّلّيجِ تنتهي إلى رصيفٍ سيّئ التّبليطِ، شاشةُ بلازما متوسّطةُ الحجم تبُثّ لقاءً مباشرًا لمباراة تجمع بين دورتموند وبايرميونخ. الضّجيج يُلَوّثُ سكينة مساء يصبو إلى نهاية مهادنة. أشرتُ للنّادل، طلبتُ فنجانَ قهوةٍ. استدار لينصرف، سألته عن اسم الحيّ. بدا مستغربًا متضايقًا في الوقت نفسِهِ.

- البرج.

أجاب. فكّر في الانصراف، ثمّ توقّفَ. أضاف:

- وهناك، في المنحدر، يوجد حيّ عين الشُّبّيك. لا بُدّ أنّكَ سمعتَ عنه كثيرًا.

- قهوة ثقيلة، بلا سكّر من فضلك.

قلتُ أنهي حديثي معَهُ.

لَمْ أكُنْ على عجلةٍ من أمري، تركتُ حيّ عين الشبيك يغرَقُ بهدوء في نهاية يوم. بدا كغريق يبتلعه البحر بلا أمل في النّجاة. خلْفَهُ كانت الدُّورُ، كبقية أضراس نخرها السّوس، تنتشر على مسافات متباعدة. دُورٌ معزولةٌ منبوذةٌ، كنساء وُسِمْنَ بالعار فعزف عنهن البعيدُ والقريبُ.

ازداد البردُ حِدّةً وتحرّكتِ الرّيحُ. التّلال الأبعد بدت كنهايات قصوى للعالم. أشجارُ الصّفصافِ تمايلت، مثل أيدٍ تلوّح بالوداع.

مكناس مدينة تواتي الماضي، هدّتها الأيّامُ وخلّفها الزّمَنُ وَقْفًا للتّاريخ. يهربُ منها ما تبقّى من نور فتزداد إيغالًا في غورِ الماضي.

- أهلًا، أستاذ أمين.

هزّني صوتُها. اضطربتُ. مال رأسُها بمقدارٍ خفيفٍ على كتفها الأيسر واتّسعت ابتسامَتُها. مدّتْ يَدَها لتُصَافِحَني.

- ريم، ريم كيليطو.. تتذكّرني؟

وقفتُ. انحنيتُ لها. كانت بمزاجٍ رائِقٍ، أنثى في تمام النّضج؛ أقرب إلى الكمال. «أيّ حِسٍّ راقٍ هذا، آنستي؟»، فكّرتُ. جاءتْ ترتدي قميصًا ضيّقًا بألوانِ الخريف؛ الأخضر الذّابل والأصفر الغامق والبنّيّ. الحزام الرّماديّ يلفُّ خصرًا مقدودًا تحضنُه تنورة حمراء قصيرة. بدتْ أكثر طولًا ممّا تخيّلتُها. الحذاءُ الجلديّ الأسودُ ذو الكعب العالي زادَها علوًّا وجعل لها وَقْعًا في القلبِ.

- ممكن؟

- تفضّلي.

قَدِمَ النّادل على عجل. بدل الوجْهِ الغاضبِ أتىَ يحمِلُ بسمةً عريضةً. طلبتْ ريم بدورها قهوة ثقيلة بلا سكّر. انتبهتُ إلى دفتَرٍ كبيرٍ في يدها اليسرى. فكّرتُ لوهلة في أنّها تلعَبُ اللّعبة نفسَها؛ تنتزع النّاس من حياتهم وتحشرهم في عالمها. بادرتْ:

- جئتَ بحثًا عن رواية جديدة، أستاذ أمين؟

- في بحثٍ دائِمٍ عن رواياتٍ جديدةٍ، آنستي... دفتَرٌ جميلٌ!

قلتُ. ردّتْ بنزقٍ:

- ليس أجمل من صاحبته.

ضحكنا معًا، فتبدّد كثير من التّوتّر. هذه التي أمامي ليست ريم الطّالبة التي جلستْ لسنواتٍ طويلَةٍ في مدرّجات كلية الآداب. وضعتِ الدّفتر على الطّاولة.

- أكتبُ روايتي الأولى.

- امهم، أمْرٌ مثيرٌ.

ضحكَتْ، مال رأسُها هذه المرّة إلى الخلْفِ. تذكّرتُ غيتة. كانت تفعَلُ مثلها كلّما انبسط مزاجُها وراق. أماطتْ خصلات شعر عن وجهها، أشارتْ إلى السيارة الرّاسية على بعد خطواتٍ.

- كنت في مقهى بعيد، بغتة خطر لي أن أركب السيارة وأجول. ساعات ساقتني إلى هنا. لعلّي كنتُ أبحث عنك. لا أعرف تحديدًا، لكنّ صوتًا ما كان يهمس بإلحاح ليخبرني أنّ هناك من ينتظرني في مكان ما. أمرٌ غريبٌ، غريبٌ حقًّا.

- إنّه حظّي.

- بل حظّي أنا، يا أستاذ أمين.

نظرتُ إلى عينيها، جميلة ذكيّة، وعلى قدْرٍ وافِرٍ مِنَ الجُنُونِ. هل تكون بديلًا معقولًا عن غيتة؟ وهي تقود سيّارة «سكودا» بأناقة حدّثتني عن حياتها في مكناس، وكيف شكّل عملُها بعيداً عن أسرتها سبيلًا إلى حياة مختلفة. جاءت هربًا من سلطة ترفُضُها، وفِرَارًا من مخاوِفِ عائلتها، وبحثًا عن نفسِها. شغّلتِ القُرصَ المدمج؛ موسيقى هادئة مفعمة أشاعت مزيدًا من الدّفء. في عتمة نفسِي لاحت سُبُلٌ كثيرةٌ متشابكةٌ، سُبُلٌ بلا نهايات.

في طلعة «الروامزين» لوّح لها أحد الباعة. كان يجلس على كرسيّ صغير من الخشب إلى جانب باب محلّ الأثواب والحليّ. ردّت بابتسامة خفيفة. أدركتُ أنّها لم تكن متاحة. واصلتْ طريقَها تسوقُ بهدوء. كان سيْلُ السيارات طويلًا يتقدّم صعودًا إلى «باب منصور»، حيث ينحدِر في شارع أعرض، ثمّ يواصِلُ التّدفّقَ في شرايين الجسد العجوز. قالت تشير إلى المحلات التي تتابعتْ على الرّصيفين:

- هنا، بإمكاني أن أعيش كما أشتهي، بعيدًا عن أعيُنِ الجيران، ونصائح أمّي، وتحذيراتِ أبي، وسطوة أخويّ. سكنٌ مستقلٌّ وحياةٌ خاصّةٌ.
- جئتِ فرارًا من رقابَةِ عائلتِكِ.
- إيه نعم، لا أجد في الأمر ما يخجل. إذا كان من شيء يستحقّ أن نكافح لأجله فهو حريّتنا، يا أمين.

تركتُ يدي تتدلّى عبر نافذة السيارة. الرّصيف الضّيق يفيض بالرّاجلين، لكنّ النّاس رغم الضّيق يمضون بانسياب. التفتُّ إليها. كانت مرتاحة منسجمة مع عالمها. ما كان من الممكن أن أتصوّرها على خلافِ ما هي عليه. شجّعني هدوءُها فخطوتُ. قلت لها:

- قدِمْتِ بحثًا عن الأخطاء التي لم يُسْمَحْ لك بارتكابها في فاس.

عادت لتميط خصلات الشّعر عن وجهِهَا. بالهدوءِ والثّقة أنفسهما أجابتْ:

- جئتُ إلى هنا بحثًا عن الأخطاء. أعظم الأخطاء هي أجمل ما يمكن للإنسان أن يُخلّف وراءه. لنُجرّب الخطيئة بدل الخطأ.

علّقتُ:

- لا بدّ أن تُخلّفي دمارًا وتُشْعِلِي حرائقَ.

- كُلّ الثّورات تخلّفُ دمارًا، يا أمين.

عادتِ الغيومُ لتملأ السّماء. مع وُصُولنا إلى «باب منصور» سقط المطرُ من جديد. المطرُ يُحيِي الأوجاعَ، يجعَلُ للحزن معنى عميقًا جارحًا. تتبلّلُ الجدرانُ ويسيلُ الإسفلتُ فتطفَحُ النّفُوسُ. على الرّصيفِ تتداخلُ الظّلالُ، تمتزجُ بِضَوْءِ الفوانيس. فوهاتُ الصّرفِ التي تمتلئ بأحزان النّاسِ وتفيضُ، تصنَعُ بركًا تسدُّ الطّريقَ. ركنتِ السيارَةَ. دعتني إلى كأس شاي في مقهى «باب منصور».

- في هذا المقهى أجلسُ كلّ يوم، وأشربُ الشّايَ، وآكلُ البيض المقلي، وأطالعُ الكتب، وأكتبُ. أُسَوّدُ عشرات الصّفحات.

- تكتبين؟ هنا؟

- نعم، هنا أكتُبُ. أستعينُ بالفوضى. الصّخبُ يُلهمني، يا أمين.

- صح، دومًا هناك احتمالٌ مهمٌّ لتلِدَ الفوضى نسقًا مختلفًا.

تراجعتُ قليلًا إلى الخلف. أضفتُ:

- مزيد من الفوضى، يا ريم، يهدم مزيدًا من الحدود. تتّفقين؟

نظرتْ إلى «باب منصور»، ابتسمتْ على نحو مختلف:

- إنّها العبارةُ التي قتلتْ غيتة، يا أمين.

- غيتة لَمْ تَمُتْ، غيتة لا تزال حيّة، يا ريم.

ملأتْ كأسي أولًا، انتظرتْ هنيهة، نظرتْ في عينيّ تقرأ دواخلي، ثمّ ملأتْ كأسَها. كان شايًا أحمَرَ كالدّمِ. جاء صوتُها جافًّا للمرّة الأولى:

- لنسم الأشياءَ بأسمائها. ثمّة من كان وفيًّا لمبدئه ومات عليه، غيتة مثال لذلك، وآخر اكتفى بترديد الشّعارات وتخاذل عن الواجب، مثلك أنت.

لَمْ تشربْ من كأسِها. اكتفتْ بالنّظر إلى «باب منصور». عادَ رأسُها إلى الوراء، ظهَر عنقها طويلًا شديد البياض، وصدرُهَا أكثَرَ نُضُوجًا. قالت تنقر على الطّاولة بأصابعها:

- «باب منصور» مغلق. لم يعد ممرًّا سالكًا للعبُورِ إلى ما خلف الأسوارِ. أغلقته البلديّةُ ليكُونَ ذكرى فقط، صورةً لبابٍ لا غير. «بابُ منصور» يختزلُ عالمنا.

المقهى يغرَقُ في الفوضى واللّغط. بالكاد أسمَعُهَا. في الخارج يَصْلِي المطرُ الجدرانَ التي رفعَهَا المولى إسماعيل ذات زمن ليثبِّتَ بها أقدامَ حُكمِهِ على الأرض. فكّت أزرارَ قميصِهَا العلويّة. بدت أشهى. على خلاف غيتة، ريم أكثر اندفاعًا وميلًا للسّيطرَةِ؛ أقرب إلى حسناء. اشتهيتُها:

«مُدّ يدَكَ يا أمين، مُدّها وانهلْ، لا شيء يستحقّ التّفكير مرّتين، كُلْ ولا تفكّرْ في يوم غد».

5
قُبْلَةٌ في مقهى شعبي

مكناس

ليلًا

23/ 09/ 2018

مددتُ يدي، أمسكتُ يدَكَ، فارتعشتَ. رغم كلّ مغامراتكَ السّابقة لا تزالُ رعشَةُ صبيٍّ يكتشِفُ الأنثى للمرّة الأولى تُراوِدُكَ. اضطربتَ؛ استحالَ بياضُ بشرتِكَ إلى حُمْرَةٍ. كي أزيد من إرباكك قبّلتُكَ. كانتْ قُبْلَةً خفيفَةً حالمةً، بالكاد لامستْ فيها شفتايَ شفتيكَ. قُبلةٌ خاطفَةٌ، لكنّها بمفعولِ السّحْرِ؛ لا بُدّ أنْ تتأبّد في ذاكرَتكَ. ضجّ المقهى بالكامل. حَجْمُ الكبت الذي يسكنُ عالمَنا مُذهِلٌ. قُبْلَةٌ تستثيرُ عالمًا لا يأبَهُ لاحتراقِ طفلة واغتصاب طفل وطمر العشرات أحياء تحت الأنقاض. كصبيّ سحبتُكَ فاستجبتَ. مثل حُلُم تابعتَ الوقائع البسيطة تتوالى؛ النّادلُ الذي صفّق وانحنى، والرّجلُ الأشيبُ الذي صفّر، والكلمات النابية التي تطايرت كالشّرر فزادت من استثارة رواد المقهى.. ثمّ المطرُ الذي بلّلنا ونحن نمضي في الرّصيف. على الإسفلتِ كانت الأضواء تلمع. رغم أقدام النّاس وعجلات السيارات بدت الصّورة على الأرض جميلةً تصِفُ عالمًا أنقى. غاب عنك حسّ الكاتب فأغفلت توثيق المشهد. فتحتُ لك، رغم المطر العاصف، بابَ السيارة كما يفعل رَجُلٌ لبِقٌ مهذّبٌ مع آنسة حسناء. كنتُ السيدَ بلا منازع. سرتُ بك عبر

شوارع مكناس نحو شقتي. في الطّرقات، بعيدًا عن زحمَةِ الروامزين، انتابني شعورانِ متداخلان؛ أوّلٌ بالتّحرّر من سطوة الأستاذ التي عرفتُ في مدرّجات كلية الآداب في فاس، وثانٍ بنشوة شابٍ أفلَحَ في استدراج صَبيّة إلى بيته.

ثمّ خلتِ الشّوارعُ. صارتْ مكناسُ إلى مدينةِ أشباحٍ. مكناسُ كأصحابها؛ لا تعترِفُ بوسَطٍ، إمّا الهدوءُ المطلَقُ أو الصّخبُ حتّى الصّمَمِ. الصّورةُ التي على الأرض باتتْ أكثَرَ هدوءًا وعُمْقًا. مع ذلك لَمْ تُثِرْ انتباهَكَ. عدا المطرِ لَمْ يكن مِنْ شيءٍ يُزعِجُ العالَمَ السّفليّ.

- ما رأيُكَ في السّرير، يا أمين؟

قلتُ لكَ. أكرَهُ الكلمات الكثيرة التي تسبق العناق. الجسَدُ يخبُرُ طُرُقَ التّعبير، في العنف كما في اللّين. انتبه، أنْ تخترقني كذكر لا يعني أنّك أقوى، أنا الأنثى أحتويكَ، أضمّكَ، أقبَلُ بك وأردُّكَ حين أشاء. لي الفصلُ؛ كلمَةُ السّبقِ وكلمَةُ الخِتَامِ.

«حُبٌّ نعم، إنّما بلا حَمْلٍ ولا أطفالٍ»، قرّرتُ منذ وطِئتُ أرضَ مكناس. لا يمكنني أن أفرّخَ في هذا العالم مزيدًا من البذاءاتِ. مشروعُنَا، نحن النوع البشريّ، وَجَبَ مراجعتُه. نحن النّوع الأسوأُ، وكان البقاءُ لنا، لذا سيكون لزومًا أن نعيد حساباتنا من الألف إلى الياء.

أرأيتَ كَمْ أختلِفُ عن غيتة؟ كلتانا تنبذ الحُدُودَ، لكنّنا نتبايَنُ في تقييمِ النّوعِ، هي ترى أنّ الهيمنةَ كانت للشر على حساب الخير، أنا أرى أن الإنسان هو الشر.

الحُبُّ يعني في قاموسِي المتعَةَ، المتعةَ فقط. حيواناتُكُم لا مكانَ لها في رَحِمِي. داخلي مكانٌ أرحب للفراشات والعصافير والأحلام.

عالمٌ بلا بشر أكثر هدوءًا وأعمّ سلامًا.

6
دردشَةٌ على طاولَةِ إفطارٍ

مكناس

24/ 09/ 2018

في صباحِ الغدِ كان فطورُكَ جاهِزًا، عزيزي الكاتب، وعلى الطّريقَةِ التي تغوي كثيرًا من المبدعين؛ فطورٌ كامِلٌ، جرائدُ متنوّعةٌ، وقنينَةُ نبيذٍ فاخرةٌ. تعويضٌ مقبولٌ عن ليلةٍ أفسدتَهَا بغبائِكَ.

جلستُ في الأريكة التي تقابلك. كلانا يرخي ساقه وقد لفّتْ قدَمَهُ ضمادة صُنعتْ من جلد الأفعى؛ الضّمادة التي ثبّتها أنت على قدمي، وثبتُها أنا على قدمك. ضحكتُ فسألتني:

- لم تضحكين؟

- جرحان في ليلة واحدة.

حرّكتَ رأسَكَ، ارتشفتَ القهوةَ المُقطّرَةَ، ولِذْتَ بالصّمتِ. ترفُضُ أن نسترجِعَ أحداثَ أمس. لا بأس، سأحترِمُ رغبتَكَ وأغضُّ الطّرفَ عنها.

تناولنا فطورَنا بروِيّة، أشبهَ بعجوزين متقاعدين لا ينتظِرُهُمَا شيء. على جدار البهو كانت الشّاشة تعرض شريطًا وثائقيًا؛ شهادات لمهجّري حرب 48. الصّورُ المتحرّكةُ تتحدّثُ وحدَها. أنتَ كنتَ معنيًّا بمهجّرِي الموريسك، تأخذُكَ الموسيقى وغوايتي، فتغيب لحظات وتعود؛ تغطس وتطفو..

أرى الرّغبة في عينيك، يا أمين. لِمَ تقاوم إذن؟ وفاء لذكرى غيتة؟ لا وفاء لك لغير نفسِكَ، يا عزيزي. حتّى القضايا التي تتبجّحُ بالنّضال لأجلها ليستْ أكثر من مطيّة تركبُها لبلوغك الشّهرة التي تبتغي. بَدَلَ أن تعبّر عن إعجابك بي، تحدّثتَ عن الذّوق الرّفيع للشقة وأثاثها، أسهبت في الكلام عن تناسق الألوان وتناغم الأشكال. أصغيتُ. صمتي كان بليغًا. أربَكَكَ.

«الصّمتُ أبلغُ مِنَ الكلامِ»، علّمتني أمّي. يُزعِجُها أبي. بَدَلَ أن تصرخ في وجهه، تبتسم، تصمت، يمسُّهُ السّعارُ فيكسِر الأشياء التي تصل إليها يدُهُ. يتمادى فتحمل كبّة الصّوف وتشرعُ في الغَزْلِ. لعلّ أمّي آخِرُ الأمّهاتِ اللّواتي غزلن للبنات ملابسَ من صُوفٍ. في الجامعة كانت تصنع لي الجوارب والشّيلان. رغم رفضي لِمَلمَسِها الخَشِنِ، لَمْ أمتنع يومًا عن ارتدائها. رأيتُ فيها دائمًا أحزان أمّي. صمتُها يُدفئني ويُشعِلُ حرائِقَ في صَدْرِ أبِي.

خرج أبي يومًا وترك باب البيتِ مفتوحًا. خرجتْ بدورها من غرفة النّوم. رأيتُها أطوَلَ قامَةً وأشدَّ نحولًا وشحوبًا. تابعتُ جسد أبي يغيبُ، يغرق. بدا الدّربُ كذلك أكثر طولًا وضيقًا. صفقت الرّيحُ البابَ. لا يزال الصّدى يتردّد في أذني. انغلقَ البابُ. في ذاكرتي تحجّر الرّفض. سألتها: «لمَ يخطب الرّجالُ النّساءَ، ولا تتقدّمُ النّساءُ لخطبَةِ الرّجالِ؟».

ضحكتْ. عادتْ من غيابِهَا، عانقتني بقوّة. في أذني همستْ: «عالَمُ الحيوانِ، بُنَيَّتِي؛ الذّكُورُ يَجْرُونَ خلف الإناث».

- أمين، عن جدّ، حيواناتكم لا أريدها.

كنتَ مرتاحًا على الأريكة. وُجُودِي في عالَمِكَ ملأ الفراغ الذي تخشاه. في صوتِكَ، كما في حرَكاتِكَ، ألمسُ فجواتٍ تكبر وتصغر. احترفتَ القفزَ. تُبدِعُ متاهات باستمرار. ستسقطُ أخيرًا ويبتلعكَ العالَمُ الذي أخرجتَ.

وضعتُ قدمي على شظيّةِ الزّجاج ومضيتُ. الألَمُ صفّاراتُ إنذارٍ، من حقّي أنْ أتجاوَبَ معها أو أرُدّها. ضغطتُ فمزّقتِ الشّظيّة كاحلي. أحجمتُ عن الذّهابِ إلى العمل. لن يُسَائِلَنِي أحَدٌ. تمنحني الدّنيا بسخاءٍ فلا أتمنّع.

وكانَ لنا الوقتُ الكافي. السّماء، عبْر الشبّاك الواسع، تنكشف صحوة رائقة، تخلّصتْ من أثقالها فتدفّقَ نورُ الشّمسِ يطلي الجدران بلونه السّاطع. سألْتُكَ:

- سيجارة، يا أمين؟
- عفوًا، أنا لا أدخّن.

أشعلتُ سيجارتي ودخّنتُ. لم أستأذن. كان بِوُسْعِكَ أن تذهبَ إلى غُرفَةٍ أخرى. لَمْ تفْعَلْ. أطرَبَكَ مشهَدُ فتاةٍ جميلَةٍ متحرّرةٍ. رفعتُ حاجبًا ونظرتُ إليك:

- جرّب السّيجارة الأولى؟

ضحكتَ. لَمْ تتضايقْ، لكنّ رفضكَ كان قاطِعًا.

- لا، لا يا ريم. كفي، لستُ مراهقًا.
- المراهقون صادقون، يا أمين؛ ينتصرون لرغباتهم.
- لذا تعيشين مراهقتَكِ إلى اليومِ.

حاولتَ أن تستفزّني. عبثًا، صَمْتُ أمّي يُربكُكَ. اكتفيت بابتسامة هازئة. يومَها أمكنك أن تتعلّم درسًا بليغًا؛ لنا أن نروّض كُلّ شيءٍ في العالم، عدا الأفكار، قد تخرُجُ من صُلبِنَا وتنقلِبُ علينا.

سألتَنِي:

- هل يكون بمقدور المرء أن يَصُوغَ قَدَرَهُ؟

على خلافِ أمّي، أصمتُ بمقدارٍ وأتحدّثُ بمقدارٍ. إيه نعم، الصّمتُ تطريز. أخمدتُ السّيجارةَ في المرمدَةِ، ثمّ تحدّثتُ بعفويّة أشعلتْ رغبتكَ،

قرأتُ في عينيكَ الشّبَقَ. كذلك، يا أمين، تضْعفُ حينًا وتتجاسَرُ آخرَ. حياتُكَ مدٌّ وجزْرٌ. كان سؤالُكَ مُوحِيًا بليغًا، لامس هواجسَ أخرى، حيث تقيم ريمُ مُغايِرَةٌ. اجتاحتني رغبة تفلسف.

تركتُ رأسي يرتخي إلى الخلْفِ، نظرتُ إلى العالم بالمقلوب، أو -إن شئتَ- إلى الماضي. أطفالًا صغارًا كنا ننظُرُ بين أرجُلنا فنطرَبُ إلى السّماءِ وقد صارتْ تحت الأرضِ. تقولُ أمّي، ذاك هو الماضي.

أجبتُ عن سؤالك واثقة: «إنّ أقدارنا تُصَاغُ قرونًا قبل إطلالتنا المتأخِّرَةِ على الحياة، نأتي كوُجُودٍ بالفعل لِمَا كان موجودًا بالقُوّةِ». بدا واضِحًا أنّ جوابي أدهَشَكَ. قرّرْتُ أنْ أضيفَ، قلتُ لكَ إنّ سؤالًا شبيهًا هزّني: «من يصوغنا؟». كنتُ صغيرة السِّنِّ، وَلَمْ تكن أركَانُ بنياني قد اشتدّتْ بَعْدُ. طرحْتُ السّؤالَ وما كان من أحَدٍ ليُجِيبَ.

أمين، لا بُدَّ مِنَ الجسد ليكتمِلَ المشهَدُ. أعِدُكَ، عزيزي، أن يضُمّنا السّريرُ نفسُهُ قبْلَ الفراقِ؛ أنْ أحتوِيَكَ جُمْلَةً.

7
ذِكْرَيَاتُ الحمّامِ

مكنـاس

28/ 09/ 2018

أربعَةُ أيّامٍ، في اليوم الخامس كان بِوُسْعِنَا أن ننتعِلَ أحذيتنا ونُعَانِقَ الشّوارِعَ. تزيّنتْ ريم كعروسٍ وقد راق لها أن ترتدي ثوبًا ربيعيًّا أوان الشّتاء. مرحُهَا الباذخ جعلها أقربَ إلى فراشة تفتّقتْ من شرنقتها للتّوِّ. بدوري، رأيتُ في الشّتاء مستهلَّ الرّبيعِ. لا أعرِفُ كيف تحوّلتْ مكناسُ إلى مدينةٍ أخرى وقد صار صقيعُهَا إلى دِفءٍ.

ريم تأسِرُنِي.

أمسِ حملتْ سطلًا وَرْدِيًّا وكرسِيًّا بلاستيكيًّا صغيرًا ولوازِمَ الاستحمَامِ. لفّتْ حوْلَ عُنقِهَا وِشاحًا أسوَدَ كبيرًا ومضتْ. تذكّرتُ أمّي. انزلقتْ ريم بمُرونَةٍ عبْرَ السُّلَّمِ وتركتِ البابَ مواربًا. لَمْ أتردّدْ، ارتديتُ حذائي وِسرْتُ خلفَهَا. تبعتُهَا بخُطُوَاتٍ ثابتةٍ مثلما كنتُ أفعَلُ وأنا صَبِيٌّ صغيرٌ. شالُها الأسود الذي رقص مع الرّيح ذكّرني كذلك بشطحات رؤوس أشجارِ الصّفصافِ التي على أطراف بلدة الشّاون. «ريم، أخشى أن أعشقَكَ كما عشقتُ غيتة. جُرْحٌ واحِدٌ يكفي». تمنّيتُ وهي في باب الحمّامِ أنْ تتوقّفَ، تلتفِتَ خَلْفَهَا، على سيرة أمّي. كانت الـ«ماما» تغضبُ لمّا تراني، ثمّ تَلينُ وأنا أبتسِمُ ببراءةٍ في وجهِهَا. «ماما، خُذِيني معكِ». بِصَبْرٍ تمدُّ يدَها وتسحبُنِي إلى الدّاخل. ينكَسِرُ

الضّوءُ، يتلاشى في الدّهاليز الرّطبةِ الطّويلَةِ، ثمّ تنفتِحُ الأبعادُ في قاعَاتٍ تَعُجُّ باللّغط والنّساء. تحسم سريعًا معركتَها مع مشرِفَةِ الحمّامِ التي تحتجُّ على وُجُودِ ذَكَرٍ في مَعْقِلِ النّساءِ.

تضعُ المرأةُ الطّويلةُ ذاتُ التّاريخِ المحترَمِ في العراك مع النّساء يُسْرَاها على خصرِهَا الضّخم، تدفَعُ أنفَها إلى أعلى فيبرُزُ منخاراها الواسعانِ. تُشِيرُ بأصبُعِهَا صوبي:

- يدخُلُ الحمّامَ مع والده. حمّامات الرّجَال، مثل الرّز، في كل مكان.
- طفل صغير، يا خيتي.
- صغير إيه نعم، لكن عنده عينين وذاكرة ولسان. الحمّام أسرار يا كبدي.

تضحك أمّي، تنفحُهَا قِطعًا نقدية. تقولُ لها:

- لا تخافي، لا أخلّيه يشوف ولا يسمع. لا تحملي همّ، أمسح ذاكرته في الباب قبل الخروج.

في الحمّام، حيثُ تتعرّى النّساءُ، ويشتدُّ البُخارُ والدّفءُ، ويَصِيرُ اللّغطُ إلى مواويل، يأخذُ رأسِي في الارتفاع، أدقّقُ. رائحة الغَسُول لا تزالُ تخترِقُ صدري إلى اليوم. تحطُّ يدُ أمّي فوق رأسي، تضغَطُ برفقٍ فأنحني، تقترِبُ في هدوء، تقولُ:

- هذا لا يناسِبُ عمرَكَ، بنيّ.
- متى يناسبني؟

تتبسّمُ، تهمِسُ في أذُن جارَتِهَا التي تُعلّقُ: «متحمّس يا عيني»، تضحك بصوت أعلى. تعود إليّ، تكلّمني بهدوء:

- عندما يناسبُكَ لن يكون في مقدورك الدّخول إلى حمّام النّساء.

لكنّني رأيتُ فتياتٍ جميلاتٍ يَلُفهُنَّ البُخار، بِصُدُورٍ شامِخَةٍ، وبُطُونٍ مشدُودَةٍ، وسيقانٍ نَحيفَةٍ. كُنَّ جميلاتٍ؛ نساء مِنَ عالمِ الأحلام، يكشِفُهُنَّ البُخَارُ ويُغَطّيهُنَّ البُخَارُ. أفغرُ فاهي في صبيّةٍ تدهنُ جسَدَها بالزّيتِ. تعُودُ يَدُ أمّي لِتَحُطَّ فوق رأسِي، وضحكاتُ جارَتِها إلى الارتفاع. سألتُها:

- أمّي، ماذا يوجدُ في الغرف الأخرى؟
- مثل أبيك، تريدُ أن تعرف كلّ شيءٍ دُفْعَةً واحدَةً.

تفرغ فوق رأسي سطلَ ماءٍ كاملًا، تشرَعُ في فركي، تواصِلُ لعبتها:

- في كلّ غرفة ستكتشِفُ أمرًا جديدًا، ستعرف في الغرفة الأولى أنّ الأنثى حاجة لا يمكنك أن تستغني عنها، ولا يمكنها أن تستغني عنك، لمّا تنتهي وتمرّ إلى الأخرى ستتعلّمُ أنّ الأنثى أقوى ممّا كنت تتخيّلُ؛ أنك تحتاجُهَا أكثر ممّا تحتاج إليك، وفي الغرفة التي تلي تدرك أنّكَ مهما كبُرتَ ستبقى طفلًا يتربّى على يديها. غُرَفٌ بعدَدِ سنواتِ عُمركَ، يا أمين. غُرَفٌ تتّسِعُ وتضيقُ، تنفتِحُ وتنغلِقُ، إلى آخر العُمرِ، حبيبي.
- أمّي، أريد أن أراها الآن.
- ليس بعد، ليس بعد يا صورة عن أبيه.

أمّي لا تتقن الصّمتَ يا ريم، أمّي ترسمُ عالمًا سُرياليًّا وتشطبُ آخرَ في طرفةِ عينٍ.

في بابِ الحمّام تمنّيتُ أنْ تَقِفَ ريم بدورِها، أن تلتفتَ نحوي وتسحبني عبر الدّهاليز الطّويلة المُعتِمَةِ إلى الغرف الواسعة، حيث البُخارُ والصّبايا والجمالُ، حيثُ أمّي بِيدِهَا التي لا تعرف الشُّحَّ تُنْشِئُ عوالِمَ وتشطبُ أخرى. يعظُمُ البُخارُ وتتضاعَفُ الكلماتُ، أسمَعُ أمّي تتحدّثُ عن قِوَامِ صبايا

الشَّاون، عن البياضِ الصَّافي والشُّقرةِ النَّاصعة والسُّلالاتِ المُنْحَدِرَةِ من غرناطةَ وقرطبة وإشبيلية وبَلَدِ الوَليد. في الضَّبابِ المتصاعد أسافر مع حكاياتِها عنِ السيدة الحرَّة وبرَّاشد وثورة البشاراتِ، أسمَعُ جارَتَها تتحدَّثُ عن فحولَةِ الرِّجالِ المخضرَمِينَ وملاحِمِهِمُ، تتناهى إليَّ ضحكات النِّساء الآتية عبرَ مُختلفِ الأبواب تَموجُ وتتلاشى، أسمع وأسمع. يتراجعُ الهواءُ وتضيقُ أنفاسي، يأخذني الدوار، فتسحبني أمي من ذراعي، أنزلق فوق الأرضية الرخامية المشبعة بالماء والصَّابونِ. «تماسك، يا أمين». تُعطيني حبَّات برتقال، أضع بعضَها في السَّطل ثمَّ أقشِّر الأخرى. تعيد الرَّائحة إلى ذاكرتي يقظتَها وإلى عَيْنَيَّ شبقهما. قدَّرت أمِّي فضولي لاكتشاف عالَمِ النِّسوةِ بكُلِّ تفاصيلِهِ. تغضُّ الطَّرفَ عنِّي، تتظاهَرُ بِلَجْمي ثمَّ تترك لي فسحات واسعة لأنهل وأستزيدَ. أمُدُّ يَدِي، أداعِبُ حبَّات اللَّيمُون، أغطِسُها فتطفو. مِن حينٍ إلى حينٍ ترتفعُ ضحكات جارَةِ أمِّي ويأتي صوتُها: «لسوف تأكل البرتقال وتشرب عصير اللَّيمون حتَّى تشبعَ، يا أمين، خذ بالك من الإسهال فحسب».

هل يمكن للمُشرفةِ على الحمَّام أن تتساهل معي، وتسمح لريم بأخذي معها إلى الدَّهاليز والأقبية والغُرف؟ أتعهَّدُ بالنَّظر إلى الأرض، أنْ أصُمَّ أُذُنَيَّ، وأكتفي باسترجاع ما مضى لا أكثر.

- رجاء، التفتي إلى الخلفِ، مُدِّي يدًا رحيمةً وخذيني إلى الدَّهليز المعتم وأقبية النِّساءِ اللَّواتي ما زلن صامداتٍ لأجلِ عالَمٍ خاصٍّ مشبع بالأنوثةِ والعُري والجمَالِ.

عادتْ ريمُ من الحمَّام. كنتُ في انتظارها كما كان أبي ينتظِرُ أمِّي. دفعتِ البابَ وتركتِ السَّطلَ يسقُطُ على الأرضِ، تحرَّرتْ مِنْ الوِشَاحِ. كانت أكثر بياضًا وجمالًا وإثارة. ظلَلْتُ في الأريكة، لعلِّي خيَّبْتُ توقعاتِ أمِّي وجارتها.

قالت ريم إنّ الحمّامَ ذكّرها بطفولتِها، حكتْ عن أبيها الذي كان يأخذُها معَهُ في عالم يطفح ذكورةً قبْل أنْ ينقلِبَ سريعًا إلى شُرْطِيٍّ. ضحكتُ. كنتُ كأنما أنظرُ إلى عالمي من زاويةٍ مقلوبَةٍ. ريم ذاكرتي بالمؤنّث.

هل وجدتْ فيّ شَبَهًا بأبيها كما رأيتُ فيها شَبَهًا بأمّي، أم لعلّها مثالبُ السّردِ وحسب؟ قلتُ لها أحُوم خارجَ النّصّ:

- خدّكِ وَرْدِيّ.

ردّت تنظرُ إلى عينيّ:

- ليس خدي فحسب.

في أيّ الغُرَفِ أكُونُ الآنَ، يا أمّي، وأيُّ الدّهاليز ينتظِرُ في طريقي لغُرَفٍ أخرى؟ أمّي، أنا أمضِي مِنَ المجهُولِ وإليهِ.

أُدرِكُ الآنَ، بعد عقُودٍ طويلةٍ، أنّ أمّي، بإقحامي في حمّام النّساء، تكُونُ قد زرعتْ داخلِي بِذْرَةَ التّمرُّدِ على الحدود. وجدتُ هناك، في عزلتي، ما لم أجد في بقيّةِ العوالِمِ الأخرى.

خرجنا مبتهجيْنِ.

في شوارع حمرية الواسعة حلّقنا كمراهقيْنِ يعشق كلاهما الآخر. أنا على خلاف ما أنا؛ أخفّ وأسعد، وهي أكثر نشاطًا وإقبالًا على الحياة.

هل هو العشقُ، يا ريم، أم هِيَ نزوةٌ عابرةٌ؟

سألتُها:

- لمَ لمْ يبنوا أضرحة لنساء فاتنات؟ ألا يستحقُّ الجمالُ صَرْحًا يرتادُه العُشّاقُ والمهووسون من كلّ فجّ عميق؟

حلمنا بقراءةِ الشِّعرِ على ضريح أنثى، وتعليقِ الأشرطَة الحمراء على تمثال يكرّسُ مهابة الأنثى، والتّبرّكِ بِكَرَامَاتِ امرأة تستحقّ أن يُخلدَها التّاريخُ

على رأسِ العالَمِ.

ابتسمتْ، ضغطتْ على يدي، ثمّ واصلتْ صمتَها. ريم، مثل أمّها، تتقِنُ الصّمتَ، وتبدِعُ في الكلام. ضغطتُ بدوْرِي على يدِهاَ، قلتُ لها:

- يَدُكِ بارِدَةٌ، يا ريم.

ردّت بدهاء:

- وقلبِي دافِئ، يا أمين.

8
الحاج محمد فاضل بلانكو

الشّاون

29 – 28/ 09/ 2018

أغلقَ بابَ المَحَلّ، دفع الرتاج وركّب القفل، ثمّ استدار يحمِلُ أعوامَهُ السّبعين. صار جسدُه ثقيلًا، أثقلُ ممّا تتحمّل رُكبتاه، تباطأت حركتُه وتراجع بصرُهُ، لكنّ يدَهُ التي خبرت الإبرة والأثواب والنّول لم تفقد هِمَّتَها؛ لا تزال تعرف سبيلها في غبشِ الشّيخوخة وَوَهَنِ الذّاكرة. يُدْرِكُ يقينًا أنّهُ قادِرٌ على حياكة أيّ ثوبٍ، وبالطّريقة المثلى، دون أن يكون مضطرًّا لفتح عينيه. الإنسانُ يُبْصِرُ بقلبِهِ، والذي عَمِيَ قلبُهُ لا يستطيعُ أن يرى، وإن امتلك عيني صقر.

ما عاد الحاج محمد فاضل يهتمّ لشئون الأولاد بعدما تزوّجَ أصغرُهُمْ وأنجب أطفالًا. رحل عنه الجميع ليتركوا البيت قفرًا إلا من عبق الذّاكرة وزوجة تواصل لعبة العيش بمرح الشّباب. تزوّجَ الرّجلُ صغيرًا، خلّفَ صبيانًا وصبايا، وحجّ البيت على نفقتِهِ رافضًا كلّ الأموال التي عرضها أبناؤه عليه وقد صاروا رجالًا. «عشتُ من عرقي، ولن أموت إلا على لقمة خبزي»، ألِفَ أنْ يرُدّ محاولات أبنائه الذين عرضوا عليه بيتًا أفخم في حيّ راقٍ من أحياء العاصمة. مدينة الرّباط تليق بتقاعد مريح، حيث حدائقُ قصبة اللوداية والمقاهي المُطِلةُ على نهر أبي رقراق. ما كان بإمكانه أن يغيّرَ بيتَهُ أو حرفتَه

أو مدينةَ الشّاون التي بناها الأجدادُ من وَحْيِ غرناطةَ، حتّى إذا نسِيَ الأحفادُ حقَّهُمْ في أرضي أسلافِهِمْ ذكّرتْهُمْ جبالُ الأطلس بجبال البشارات.

بعْدَ زيارةِ قبْرِ النّبي، صارَ همّه الوحيدُ أن يُعلّمَ صَبيّهُ حِرفتَهُ التي أفنى السّابِقُونَ أعمارَهُم لتبقى. يستحضِرُ أيّامَهُ الأولى في المحلّ، اهتِمامَ أبيه بتلقينِهِ فُنُونَ الصّنعَةِ، والوصيَّةَ التي رَدّدَهَا على مسامعِهِ من اليوم الأوّلِ حتى موتِهِ: «في حياكة الثّوْبِ حِكَايَةُ ماضينا». قضى زهرَةَ عُمرِهِ ليَجْعَلَ مِنْهُ حِرَفِيًّا لا يُشَقُّ له غُبَار، ولمّا أَزِفَ ميقاتُ الموتِ قال له يَشُدُّ على يَدِهِ:

- المآزِرُ المُخطَّطَةُ باللّونِ الأحمَرِ مَظْرُوفٌ للحُلْمِ.

- عن أيّ حلمٍ تتحدّثُ، يا أبِي؟

سألَهُ الولَدُ المأخوذُ بِجَلالِ ما يحكي والِدُهُ. أضافَ يضغَطُ على الحُرُوفِ:

- هذا ليس ثوبًا. إنّهُ رمزُ أرضِنَا التي هُجّرنا منها قهرًا، يا محمد.

أحبّ عملَهُ، وآمن بصنْعَةِ المآزِرِ والزّرابِي، ينسجُ بِيَدِهِ ويخيطُ ويوضّبُ. يقولُ لصبيّهِ المهتمّ أبدًا بما يقولُ معلّمهُ:

- نحن لا نحيك لنُتَاجِرَ فقط، بل نُرسِلُ مع كلّ قطعة رسالةً لكُلّ النّاسِ؛ إننا هنا، كصخرة الوادي، باقٍ حقّنا في الرّجوع ما بقينا.

انحدر مع الطّريق، فتدفّقتِ الرياح الآتية عبر الجبال، جهة الشّمال. كما كلّ يوم، يفُكُّ عُقَدَ قميصه العلويّة ليترك للهواء أن يتخلّلَ جسدَهُ ويغسِلَ روحَهُ. آمن، كما آمن الذين سبقوه، أنّ الرياح التي تلامس أسوار غرناطة وإشبيلية وقرطبة هي نفسُها تأتي لتنقل الرّائحة، وتُعِيدَ المشْهَدَ إلى الذّاكِرَةِ.

لمّا كان صبيًّا، شكّ في وُجُودِ غرناطةَ، بَدَتْ على ألْسِنَةِ النّاسِ أسطورةً؛ الجِنَانُ والأبوابُ العاليةُ والماءُ الدّافِقُ في سواقٍ تجري على الأسوار.

واستهجن فِكْرَةَ المفتاحِ الذي يحفَظُهُ أَبُوهُ في صندوق مجوهراتِ زوجتِهِ. كرّر الوالد أكثر من مرّةٍ على مسامعه الجملةَ ذاتَهَا:

- هذا مفتاح بيتنا في حارَةِ البيازين.

سأل الصّبيّ والِدَهُ أوّلَ مرّةٍ ببراءة الصِّبَا:

- ألا يزال القُفْلُ نفسُهُ على البابِ، يا أبي؟

ابتسَمَ فاضِلُ في وَجْهِ ابنِهِ، طبطبَ على كتِفِهِ:

- كلا، يا بُنيّ، المفتاح ليس أكثر من رمزٍ للعودَةِ إلى الديار.

باغتَهُ ابنُهُ بما لَمْ يتوقّع:

- هل يكفي الرّمزُ، يا أبي، لِتُفتَحَ الأبوابُ؟

استحالتِ الابتسامةُ إلى وُجُومٍ. مسّته الكلماتُ في عقيدتِهِ فتأوّهَ، اعتصر، ثمّ تابع كلامَهُ بوجْهٍ محتقنٍ:

- هذا ما طالت يدايَ، وهذا ما قُدِّرَ لك أنْ ترِثَ عنّي، إنْ قصّرتُ أنا فمُدَّ يدَكَ أنت إلى ما لَمْ أبلغه.

غضِبَ والِدُهُ، ومضى تارِكًا أسئِلَةً كثيرةً بلا جَوَابٍ.

كَبرَ محمد فاضل، فأدرك أنّ غرناطة حقّ كما هي الشّاون التي بناها عليّ بن راشد لتكون مأوى للمهجّرين من العدوة العليا؛ أرضًا يحجبها البحر والتّاريخ، وتكشفها الذّاكرةُ.

وها هو يفكّرُ في تسليم المفتاح إلى حفيده، قافزًا فوق أولاده، حتى يستمر الحلم أبعد ممّا خمّن خوان دي ريبيرا.

دنا ميقاتُ الموتِ، وتحوّلتْ كُلّ الأشياءِ إلى تفاصيلَ صغيرة في طقس التّأبينِ. اجتازَ عتبةَ السّبعين، وما تبقّى في جعبته ليس أكثر من حفنَةِ ساعاتٍ. لا بُدَّ مِنَ الرّتُوشِ. تلك اللّمساتُ التي من دونِهَا يَضِيعُ مشوار العُمُرِ. لَمَسَاتٌ بسيطَةٌ لكنّها قادِرَةٌ على جعلِهِ أكثر رُسُوخًا.

الحاج محمد فاضل سعيدٌ راضٍ، قريرُ العينِ بالنّصيبِ وما قدّمتْ يداهُ. قِيلَ له أيّامَ الصّبا إنّ أجدادَهُ ما استوطنوا هذه الأرض إلا لشَبَهِهَا بموطنِهِمُ الأصليّ، فأقاموا مدينتهم على شاكِلَةِ غرناطةَ، وجعلُوا لأحيَائِها أسماء تُذَكّرُهُمْ بما خلّفُوهُ وراءَهُمْ من طبيعةٍ وعُمرَانٍ. أحبّ الشّاوْنْ أكثَرَ لشَبَهِهَا بغرناطَةَ ووفائِها للذّكرى.

تأمّلَ في طريقه إلى البيت قِمَمَ الجِبَالِ، وتساءَلَ إِنْ كانَ بإمكانِهِ، بعد الموتِ، أن يُحَلّقَ كَرُوحٍ إلى جِبَالِ البشارات. لو خُيّرَ بين الجنتين لاختار التي على الأرض. انخرط في الدُّرُوبِ الضيقةِ، حيث الأبوابُ والنّوافِذُ المتقابلةُ بعضها لصْقَ بعض، والدّوالي والزّهور تتدلّى مِنَ الأسطُحِ لِتَضُوعَ رائِحَتُهَا في الأرجاءِ. اللّونان الأبيض والأزرق، كما كانا هناك في غرناطة، ما زالا يرسمان على الجدران السيمفونية نفْسَها، حيث يتآخى الضّوءُ والماءُ، الحاضِرُ والمَاضِي، ويجعلان مِنْ ضيقِ الدُّرُوبِ مُتَّسَعًا رَحْبًا للذّاكِرَةِ.

مَرّ عَبْرَ زقاقِ غرناطَةَ، ثُمّ توقّفَ في عتبةِ بيتِهِ، التقط أنفاسَهُ، مسح وَجْهَهُ مِنَ العَرَقِ كي لا يُثِيرَ مخاوِفَ زوجتِهِ من المحتومِ، ثمّ قرَعَ البابَ وانسل إلى الدّاخل. أطلّت الحاجّة هنية بوجهِهَا الصّبوح، وضعتِ الصّندل تحت قدميه، ثمّ قبّلتْ رأسَهُ. انحنى بدورهِ، قبّل رأسَها، وأغدق عليها بدعواته والبركاتِ.

باغتَهُ الصّغيران فأشرقتِ الدّنيا، نسِيَ تَعَبَ العقود السّبعة وضمّهما إلى صدره، تنشّق فيهما الأمل، وجودَهُ الممتدَّ، تاهَ إلى أن أعادته الحاجة هنية بضحكاتها التي ملأت البيت دفئًا وحياة على مدى الزّمن.

- أنساكَ الصغيران أمّهُمَا، يا فاضل؟

انقضى المساءُ سريعًا ثمّ حطّ اللّيلُ، تفتّقُ النّوافذ فيتسلّل خريرُ الماءِ المنبعث من السّواقي، وحفيفُ أوراق الشّجر، وضوءُ القمر الذي يرسمُ على الجدران مدائِنَ تحفظها الذّاكرةُ وتصونُها الصّدُورُ.

تضَعُ الحاجّة هنية طابق «البَايِيَا» على الطّاولة. يكونُ عليهم، قَبْلَ أن يمدّوا أيديهم، أن يصغوا أوّلًا لتاريخِ الأكلة كاملًا. يُسهِبُ الحاجّ محمد فاضل، وكُلّ همّهِ أن يقتنع الحَفدَة بِروايَةِ الأجدادِ، في سَرْدِ التّفاصيلِ:

- «البايبا»، يا ولديّ، أكلة أندلسية، أصلها عربيّ، تدجّنت كما تدجّنَ من بقوا من أهلنا هناك، وصارت من العربية إلى العجمى.

يضرب يدًا بيد، ثمّ يضيف:

- ولها تاريخ يشبه تاريخنا، فالغربة لا تطال البشر وحدَهُمُ، بل تمسّ الأشياءَ والكلماتِ والعاداتِ.

ينظر إلى زوجته ويسألها:

- ما اسم الأكلة التي أعْدَدْتِ لنا، يا حاجّة؟
- البقايا، اسمها البقايا.
- ومِمّا تتكوّن، يا مهجة العين؟
- من بقايا الخضراوات وفواكه البحر، يا حاج؛ بقيّةٌ من الفلفل، وبقيّةٌ من البصل، وبقيةٌ من أنواع السّمك.. بقايا من كُلّ شيءٍ.
- لا بد أن تتصالح الأشياء مع أسمائها؛ الحاضِرُ والماضي، الأبيضُ والأزرق.. لا بديل عن المصالحة، سواء أتعلّق الأمرُ بالأشياء أم النّاس أم الكلمات.

تشعرُ حسناءُ بالضّيقِ؛ الماضي يحاصِرُهَا كمعقوفتين، لا تكاد تولي عن الأولى حتّى تصدّها الأخرى. ودّت أن تبوح، أن تفصِحَ عن شيءٍ ممّا يعتمِلُ في صدرها، فتواجه الحاج محمد فاضل بقناعاتها، وتقول له بلسان عربي مبين: «البقايا نحن؛ بقيةٌ من هزيمة، وبقيةٌ من ذاكرة، وبقيةٌ من عرب الأندلس وبربرها والإيبيريين الذين صاروا مسلمين.. البقايا نحن في مأدبة التّاريخ».

لكنّها تراجعتْ، لَمْ ترغَبْ في إفساد مزاج الشّيخ، وأرجأت شكواها إلى ما بعد.

مرّ عليها الليل ثقيلًا، كلّ شيء عتيق في هذا المكان؛ المصابيحُ المتدليةُ على شاكلة قناديل، والأبوابُ العاليةُ ذات الأقواس، بلونها البنيّ الدّاكنِ والمزاليج الكبيرة المزخرفة، ثمّ الزّرابي وألوان الأثاث وتيجان صواري الحوش الذي ينفتح على سماء قريبة يغلّفها الماضي. كلّ شيءٍ قديمٌ، حتّى اللّيلُ ينزِلُ بأثقالِ الذّاكِرَةِ، فيُحيلُ على ما انقضى وانفرط.

لامتْ نفسَها وخدّها على الوِسَادةِ: «كان عليكِ أن تباشري الموضوع، تشتكي جور أمين؛ إهماله لك، وللبيت، وللأولاد والعمل.. وتكشفي للجميع غرامياتِهِ التي لا تناسب السّنّ ولا المقامَ، واختفاءه المباغت».

تتقلّبُ هي على السّرير، وتتقلّبُ السّاعات في البندول الخشبيّ الضّخم، إلى أن يرتفع آذانُ الفجرِ. تشعر بالبرد والفراغ، من الحوش تنكشف السّماء التي تحبو إلى النّهار بعناد. تَحْزَنُ، كيف سمحت لأمين أن يُفكّرَ في أخريات، هل أخطأتْ في حساباتها أم كان تقديرُها للشّخصِ مجانبًا للصّواب. لا تزال فاتنة. تثقُ في نفسِها. ولا يزال جسدُها قادرًا على العطاء. تنزلِقُ في هواجسها، تواصل الانحدار إلى أن يرتفع صرير باب غرفة الحاج محمد فاضل، ويعلو صوتُهُ حامِدًا مُسبّحًا بحمد الله طلوع فجر يوم جديد. يظهر طيفه وسط الحوش. اللّحيةُ البيضاءُ والجلبابُ الأصفرُ المُخطّطُ يذكّرانها بوالدها الذي قضى حتفه وهي طفلة صغيرة. تُتَابعُ حركاتِ الحاجّ التي أثقلتها السّنين. كَبُرَ أكثر ممّا يحتمِلُ، تفكّر. تظهر الحاجّة هنية تناوله طست الماء الدّافئ. يُمسِكُها من يدها، ينظرُ إلى عينيها، يهمِسُ في أذنها فتضحك، يضيف كلمات أخرى فتتكدّر. «يعطيك طُولْةِ العمر، يا حاج». يضع الطّستَ، يقتعد كرسيًّا

صغيرًا. «هرمنا، يا حاجة، هرمنا وقد هرب منّا العمر». تتراجَعُ الحاجّةُ خطوتين، تجلس بدورها على كرسيٍّ صغيرٍ، وتتابع زوجَها يتوضّأ. ما زالا يعشق كلاهما الآخر. يخزها المشهَدُ، تتأسّى، تولي بظهرها، على الجدار ينشأ عالمُها القديمُ؛ والِدُها يمتَطِي البغلَ يقصدُ سوقَ الخميس الأسبوعيّ، إخوتُها من الشّرفَةِ ينظُرُونَ إليه كبَطَلٍ أُسطوريّ. تتسلّلُ عبْرَ الظّلالِ الوهنَةِ، تركبُ التّفاصيلَ الصّغيرةَ ثم تقتحِمُ المشهدَ، تمسِكُ بِذَيْلِ البَغلِ، يلتفِتُ إليها عيسى: «عودي إلى البيت، ابنتي. هيّا، عودي..». تعندُ، تتابعُ تشبّثها بِذَيْلِ البغل، ينزِلُ، يرفعُهَا عاليًا، يُقبّلُهَا، ثمّ يُسَلّمها إلى أمّها التي تَقِفُ في عتبة البيت. وَقْعُ حوافر الدّابة الهاربة بوالدها إلى حتفِهِ يتراجَعُ، تضِيعُ الصّور فتغفو، وبلا رغبة تنامُ أخيرًا وفي صدرها لذة وجه أبيها الذي ذهب ذات خميس ليتسوّقَ، فعادَتِ الدّابَةُ تحمِلُ المئونة وبُقَعَ دَمٍ.

صلّى الحاج محمد فاضل في المسجد الذي في الجوار، ظهر شارِدًا على خلاف ما اعتادَهُ جيرانُهُ ومعارِفُهُ. في باب المسجد، والمُصلّونَ القلائِلُ ينصرِفُونَ، عبْرَ الدُّرُوبِ الضيقةِ، في غبش الفجر، إلى البيوت والمحلات، استوقفَهُ عُمَرُ الونسريشي؛ جارُهُ الأحبُّ.

- خير إن شاء الله، مالك يا صاحبي؟ عار الجار على جاره، اطلب من درهم إلى ما شئت، والله لا أردّ لك طلبًا.

ابتسم الحاجّ في وجْهِ جارِهِ، فعانَقَهُ عمر، وأردَفَ:

- والله لا أحتَمِلُ رؤيتَكَ شارِدًا ولا مهمومًا، وقد ألفناك أكثرنا مَرَحًا. دعاباتُكَ مِلْحُ عيشِنَا، يا حاج. انسَ الهمّ ينساك.

ثمّ مضيا. في الطّريق إلى المحلّ بدت الأصواتُ الخافتةُ التي تخرج من أبواب البيوت والنّوافذ أروع ممّا سبق. «هذا العالَمُ استثنائيّ جِدًّا، تطبَعُهُ

قداسةُ التّاريخ»، فكّر. انتبَهَ كذلك إلى أنّ الأضواءَ الخابيةَ التي تطلي باحتشام الدروب والأرضيات المرصوفة بالحجارة أجمل ممّا كانت في أيّ وقت مضى. أحسّ بالرّغبة في الولوج إلى البيوت جميعها؛ أن يقبّلَ الأطفالَ، ويباركَ الرّجالَ والنّساءَ، وينثرَ الوصايا على الحالمين؛ كان مِنْ حقّهِ أن يفعل، سنواتُهُ الكثيرةُ تعطِيهِ الشّرعيّة ليفعلَ. يتنفّسُ مع هواء الفجر جمالَ المدينة الخامل. في كَسَلِهَا تُشْبِهُ امرأة تتمطّى استعدادًا ليومٍ طويلٍ. الشّاون صامِدَةٌ بعنادٍ. مدينَةٌ تزحَفُ ببطءٍ نحوَ المُحيطِ لتُعَانِقَ القطعَةَ المفقودَةَ منذ قُرُونٍ.

- أين رحت، يا حاجّ؟

حدّثَهُ محمد فاضل عن حلمه القديم بالرّجوع إلى «البيازين»، والنّوم في غرفة آخر أجداده هناك. كان يمنّي النّفس بالموت بين أسوار غرناطة، أن تكون سماؤها آخر عهده بالحياة. توقّفَ ينظُرُ إلى الجبال التي لاحتْ كخيالات الظّلّ في غبش الفجر:

- هل فرّطنا في وصيّة الأجداد، يا عمر؟ هل خُنّا الأمانة وقد أخذنا هَمُّ العيش فنسينا ما لا يجب نسيانُهُ ولا التّفريطُ فيه؟

فكّر عُمَر أن يقول أشياء كثيرة، لكنّه آثر الصّمتَ، لو كان من الممكن أن يفصح لقال له إنّ غرناطة بعيدة عن اليد، ليس بوسع أحد منّا أن يعود إليها إلا سائحًا غريبًا. مضى التّاريخ وترك لنا أمنيات يتيمة. قُضِيَ الأمْرُ، يا صاحبي، ولن يلتفِتَ أحَدٌ إلينا. إسبانيا لن تنظر إلينا كما تنظر إلى أبنائها. نحن حفدة المهجّرين، سلالةُ المهزومين، لا يحقّ لنا أن نتطلّع إلى ما لَمْ يَصُنِ الذين سبقونا.

سحبَهُ من يده مترّفقًا، بحث عن كلمات تصلح للمواساة. كانت أطراف المدينة التي تتسلّق السّفوح قد أخذت تلوح، في السّماء تلاشى اللّونُ الأزرَقُ،

وبرزتْ غيومٌ تركبُ الرّيحَ نحْوَ الجنوبِ. أوّلُ الأسرابِ استأنفَ لعبة التّرحال. استجمع كلّ طاقتِهِ ليُقدّمَ جوابًا يُرضي صاحبَهُ:

- لَمْ ينتهِ التّاريخ، يا حاج. ولسنا آخر ما أنجبَتْ الأرضُ. بعد كُلّ جيلٍ يأتي جيلٌ آخرُ. لعلّ العالَمَ يتغيّرُ ويُسْعف اللاحقين في تحقيق ما تعذّر علينا اليومَ. خمسمائة سنة وما زلنا نحلم، وما يزال العشق في الدّم.. ألا يعني هذا شيئًا، يا فاضل؟
- بلى، بلى، يعني يا عمر، يعني الكثير.

بَلَغَ معَهُ حتى المحلّ، كان أوّلُ خيُوطِ الشّمسِ بالكادِ قد لاحَ. الفُرنُ الذي يقبَعُ في نهاية الشّارع الضيق استأنف حركته، واستقبل أوّلَ وصلات الخبز التي أعدّتها أيدي نساء لا تعرف الكلل. حيّاهُمَا بوشتى الفرناتشي من بعيدٍ. سيأتيه بعد دقائِقَ بالخبز السّاخن والشّاي وزيت الزّيتون، ولن يقبَلَ منه فلسًا. «خدمتك شرف، يا حاج»، يقول له، ثمّ ينصرِفُ إلى أعمال يومه الشّاق. صدى مزاليج أبواب المحلات أخذ يتلاحَقُ، معه تتواتر تحايا الصُّناعِ وتُجّارِ الجُمْلَةِ والتّقسيطِ وأصحابِ المقاهي الشّعبيّةِ والمحلباتِ. ستدُبُّ الحياةُ في أوصالِ المدينَةِ بالتّدريجِ، وما إن تصعد الشّمس حتّى تكون رَحَى الحياة قد دارت بالفعل. عقودٌ طويلةٌ ولا تغيّرَ شيءٌ، الحاجّ محمد فاضل يقرأ اليوم كما يقرَأُ سُطُورَ صفحَةٍ كان قد سبق لَهُ أن اطّلَعَ عليها. حياةٌ مكرورَةٌ، محكمة التّفاصيل، من هديل الحمَامِ الذي يسكن أسطح المدينة العتيقة إلى صوت آذان العشاء الذي يختتم مسيرة اليوم الطّويل. رتيبَةٌ ومكرّرةٌ. في رتابتِهَا وتكرارِها جمالٌ لا يتأتّى في غيرها من المُدُنِ.

انتظر عمر إلى أن رفع الحاج باب المحلّ، أخرج الكرسيّ الخشبيّ ووضعَهُ إلى يسارِ العتبَةِ، ثمّ فتح الباب الصّغير الذي يخترِقُ المنضدَةَ ويُفضِي

إلى الدّاخل. استرخى على الأريكة التي صنعها بيديه، التقط أنفاسَهُ، ثمّ رفع صوتَهُ يُخاطِبُ عمر:

- ادخل يا عمر، نشرب شاي الصّباح معًا، ونستعيد شيئًا ممّا مضى.
- الله يحفظك يا حاج، أزورك في المساء إن شاء الرحمن.
- يزورك اليُمْنُ وتتبعك البركةُ، يا عمر.

في المَحلّ، على مرّ السّنوات، شعر بنفسِهِ أصغر وروحِهِ أخفّ وجسدِهِ أكثر رشاقة. رائِحَةُ الأثوابِ والصُّوف والأصباغِ الطّبيعية تُنعِشُهُ، لكن ّالزّمن أقوى من كلّ شيء. لعلّه استنفد ما جادت به عليه الحياةُ. يدُهُ ثقيلةٌ على خلاف كلّ العقود التي أمضاها ينسج ويخيطُ. «إنّه الموتُ، يا فاضل، وما عليك إلا التّسليم والإذعان». في كلّ بيوت الشّاون لَهُ تُحَف تجعلُهُ حاضرًا بينهم، سواء أكانت سجاجيدَ للصّلاةِ أم زرابيَ في غرفِ الضّيوف أم ستائِرَ نوافذ وأبواب. نَحتَ لَهُ عَبْرَ السّنواتِ اسمًا كبيرًا، فصارَ أشْهَرَ مِنْ علامة تجارية معروفة.

ودّعَهُ جارُهُ عمر ومضى يحمل في صدره الإحساسَ بالهزيمَةِ. مشى إلى بيتِهِ يُقلِّبُ أحزانًا قديمَةً كان قد أفلح في دفنها.

سويعات قليلة ثمّ قفل الحاج محمد فاضل عائدًا إلى البيت. ترك المحلّ في عهدة الصّبيّ، وانحدر عَبْرَ الدّروبِ. يثِقُ الحاجّ في مساعِدِهِ، ويقدّرُ إخلاصَهُ للرّسالة. انهماكُه وتفانيه في إنجاز الأعمال يجعلانه صورَةً عن ماضيه. يقول للحاجّة بِوَجْهٍ متهلّلٍ:

- يشبهني، غير أنّه أذكى، وأكثر نزقًا وطموحًا.

تردّ الحاجّة هنية:

- يشبهك، إيه نعم، ما اعترضنا، وقد أكرمتَهُ بما وصفتَهُ به. أذكى منك، لا يا حاجّ، حاشا، وأنت معلّمُهُ ومروّضُه ومربّيهِ.

يضيف بإيمان جازمٍ:

- محمد صلاح عمل صالح، فيه خير للحرفة والنّاس.

لاحظ محمد صلاح بدوره أنّ الحاج محمد فاضل مختلفٌ عن بقيّة الأيّامِ، كان أكثر شحوبًا ونحولًا. سألَهُ عمّا جدّ، يدفعه التّقدير والمحبّة إلى استقصاء أخبارِهِ. وهل ينسى محمد صلاح أنّ محمد فاضل هو من أواه يتيمًا، وعلّمه الحرفةَ، وخصّهُ بشقّةٍ ذات غرف ومنافع؟ صار له الأب والأمّ والسّند والمعلّم.

- خير، يا حاج؟

- خير إن شاء الله، يا ولدي، كلّ ما يُقَدّمُهُ الله خير.

لن ينسى صلاح اللّفافة التي مدّ إليه معلّمه قاطعًا حبْلَ أفكارِهِ. طلب منه أن يترك الثّوبَ، أن يصغي ولا يتدخّلَ. هز الصّبيّ رأسَهُ قبولًا وأذعن:

- على العين والرّاس، يا حاجّ.

- هذه اللّفافة لك فاحفظها، يا ابني، لا تمسسها حتى إذا انقضى الأجل صار عليك ما فيها لزومًا، فلا تزد ولا تنقص.

- أطال الله في عمرك، يا حاج.

رفع الحاج يدَهُ، فالتزم محمد صلاح الصّمتَ.

- لكلّ أجل كتاب، يا ولدي.

انحنى الحاج محمد فاضل، قبّلَ يَدَ صبيّهِ. لمّا استفاق محمد صلاح من ذُهُولِهِ، كان الحاج قد غادر المحلّ. «كنتُ أحلمُ؟»، فكّرَ مُشَكّكًا في القصّةِ برُمّتِهَا، غيْرَ أنّ اللّفافَةَ التي تعضّ يَدُهُ اليُمنى عليها بإحكامٍ مَحَتِ الشّكّ، ليحلّ اليقينُ.

مرّ الحاج محمد فاضل، وهو في طريقه للبيت، على بائع الأثواب، دفَعَ له ما تبقّى في ذِمّتِهِ، ثمّ طلَبَ منه الصّفح إن بَدَرَ منه سوء في ساعة غضب.

تهدّج صوتُ صاحِب الأثواب الذي لَمْ يعهد النّبرةَ ذاتها في حديثِ صاحِبِهِ، فبادر ليُخفِّفَ من وطأة الموقف:

- ما زال في العمر بقية، يا حاج، تتزوّج مرّة ومرّتين، وتلد صبيانًا وصبايا.

ضحك الحاجّ بتحفّظ. أردف:

- كل الخير عند ربّ العالمين.

- كُفَّ عن إثارتي، يا حاج، أمدّ الله في عمرك.

- الموتُ علينا حقّ، يا أخي.

ثمّ تعانق الصّديقان. يُقسِمُ حميد عبد المعطي إنّ وَجْهَ الحاجّ كان مُشعًّا بنور أقرب لضوء القمر. كان ملاكًا في صفة بشر.

دخلَ ضريحَ علي بن راشد، وظلّ تحت قبّتِهِ إلى أن استكانت روحُهُ. البابُ العالي، المطلّ على أحياء المدينة والجبال، يُشعِرُهُ بِيُسرِ العُبُورِ إلى الضّفّةِ الأخرى. أشْعَلَ أعوادَ نَدٍّ كثيرة ثمّ عرج على مقبرة المدينة. بكى محمد فاضل على قبر والده طويلًا. استعاد الماضي؛ وَجْهَ أمِّهِ الباشّ، صوتَها الندي، وصخب إخوتِهِ وأبناء الجيران. بدَتِ الحياة مجرّد وَهْم، سرابًا ما يكادُ يَبِينُ حتّى يتبخّر. بكي طويلًا ولَمْ يَجِدْ بُدًّا من الاعتذار: «لَمْ أَعُدْ إلى حيّنا، يا أبي، لَمْ أسكن بيْتَ البيازين كما وعدتُك وأنتَ على فراش الموت، تأجّلَ الحلم، يا أبي؛ حلمي وحلمك وحلم أجدادنا، في أن يملأ أبناؤنا الأحياء التي هُجّرنا منها غصبًا».

مسح دموعَهُ وقد صارَ جسَدُهُ أخفّ. قال يحدّث والِدَهُ:

«نَمْ قريرَ العين، يا أبي، ما زال حفدَتنا هنا. قبيلة أنجرة لمْ تنسَ موطنَها الذي قدِمَتْ منه، سكنَتِ الجبالَ وقابلَتِ البحرَ، تُطِلّ على الضفة كل صباح،

حتى إذا أنساها عُسْرُ الحالِ الأرضَ التي وفدتْ منها، ذكّرتها الجبالُ المطلّةُ على البحر».

في البيت كانت الحاجّة هنيّة قد أعدّت إفطارًا يليقُ بحفيدَيْها. لَمْ تترك صِنفًا من صُنُوفِ الأطعمة إلا ووضعته على المائدة؛ العسل والزبادي وزيت الزّيتون والإسفنج والكعك.. كأنّما تحتفِلُ بعيد، تُرَدّدُ كلما التقت عيناها بعيني حسناء: «ما أعزّ من الولد غير ولد الولد».

ارتخت الكَنّةُ على مصطبة في وسط الحوش، حيث تصبغ الشّمس بوداعة الزّلّيجَ المزخرفَ وأقواس البهو. من مكانها تظهَرُ لها رؤوس الجبال ممتزِجَةً بزرقة السّماء. الحاجّة منهمكة في تلبية طلبات حفيديها، تتلذّذ بكلّ لقمة يضعانها في فمهما. تنظر حسناء من حين إلى حينٍ إلى طفليها. من المؤسف أن يكون لهما أبٌ لا يُقَدِّرُ المسؤولية. لا تتذكّرُ أنّهُ اهتمّ باللّعِبِ معهما، أو الخروج في نزهات كما يفعل الآباء عادة. كلّما اقترحت عليه أن يفعل، تحجّجَ بالكتابة. يوم قرأت العبارة التي خلّفَ وراءه ورحل: «عزيزتي حسناء، لن أتأخّر في الرّجوع، ذلك أنّني لن أعود أبدًا. شكرًا على كل شيء»، مزقت الورقة وضحكَتْ. عدّتِ الأمرَ مُزحَةً ثقيلَةً. ما كان وارِدًا أنْ يترُكَ رَجُلٌ أسرَتَهُ بلا سبَبٍ معقول. خيّب توقعاتها؛ غادر ولم يعد.

طرق فاضل الباب، فقفزت الحاجّة من كرسيّها. لم تكن من عادة زوجها أن يغادر محلّهُ باكرًا، حتّى لو تعلّق الأمر بمرض الأبناء. «العمل عبادة، والعبادة لا تتأتّى إلا باحترام مواقيتها»، يردّ إذا ما ألحّت زوجتُه عليه ليعود إليها أبكر بغية قضاء حاجة أو زيارة عزيز.

جلس إلى الطّاولة، طلب منها شايًا محلّى. في المطبخ بكت نهاية زوجِهَا. لمّا لم تطاوعها يدُهَا على طاعة زوج ألفت أن تأتمر بما يقول، عادت إليه:

- لِمَ الشايّ بالسكر، يا حاج؟
- أريد شايًا حلوًا.
- منع الطبيب السكر عنك سنوات، فكيف تعود إليه اليوم؟

أزّ الكرسي وهو ينهض. الشّمسُ ترتفع، تقسو، لكنّ رياح الشّمال تكسِرُ حدّتها فتنزل بردًا على الماشين والقاعدين، أمّا الطّيور فتملأ سماء تحتفي بالصّحو أوان الشّتاء. لا شيء يوحي بموت وشيك، حتّى الأحلامُ التي ألفتْ أن تنبّئها بمكروه تعطّلتْ وتركتها تتجرّعُ الحقيقةَ دفعةً واحِدَةً. دارَ حول النّافورَةِ ثمّ توقّف. غسل يديهِ في مائها الذي طالما ملأ ليل الدّارِ بالخريرِ، رشّ وجهَهُ، ثمّ نظر إليها باسِمًا.

«لم يكن زوجي من نظر إليّ، كلا، حتّى الكلماتُ التي لفظها جاءت بغنّة الموتِ. ابتسم، ضحك، ثمّ عاد إلى كرسيّهِ.

- السكر لا يقبض أرواحنا.

رفضتُ أن ألبّي طلبَهُ. قلتُ له:

- السّكّرُ يؤذيك، فلا تطلب مِنّي ما يضرّك.

طلب منّي أن أقترب فلبّيْتُ، أمرني أن أنزع الشّبشِبَ فأطعتُ، ثمّ انحنى وقبّل قدَمِي. أجهشتُ فأقبَلَ حفيدايَ نحوَنَا. انتصَبَ، همَسَ في أذُنِي: «لا تبكي، كوني قويّة كما عهدتُكِ».

9
حسناء

الشّــــــاون

2018 /09 /29

فكّرتُ في كتابة قصّةٍ أواسي بها نفسِي، وتفتَحُ لي سبيلًا إلى قلبِكَ، لعلّكَ، حين ترجِعُ، تتفهّمُ حُزْنِي وكمدي مُصَاغًا في القوالب التي تعشَقُ.

كتبتُ العنوان: «الحمامة في حضرة الغراب»، لكنّ القلَمَ لَمْ يُطاوِعنِي، وجدتُ فيه إهانة لي. أنتَ تستحقُّ كلّ الصّفاتِ.

خرجتُ قبل أيّامٍ لأتبضّعَ. مدينة فاس، رغم الازدحام والضّيق والبؤس والفوضى، تغوي. مررتُ بجنان السّبيل، جلستُ على الكرسيّ الذي اعتاد علينا أكثر ممّا اعتدنا عليه. فاجأني، يا أمين. كرسيّ الإسمنت يتذكّر كلماتنا، قبلاتنا، حين كنتَ تُقبّلُني ولا تأبَهُ بعيُونِ المُتَطفّلِينَ. كيف تتنكّرُ أنتَ؟ كنتَ كاتبًا شغوفًا مولعًا، تتغزّل بالشّعر، وبي، وتصنع من الحروف ممالك لا تحدّها حدودٌ.

هل يقتل السّريرُ العشقَ، يا أمين، كالنّار تأكُلُ نفسَها؟

نزلَ المساءُ فأغرقَ المدينَةَ. لونُ الخريف كسا الشّوارع، وغلّف الأبنية، وأوغل في صدور النّاسِ. مع المصابيح تولّد في صدري تساؤل آخر: «أينتقل الكاتب من امرأة إلى أخرى كما يقفز من نصّ إلى نصّ؟».

في باب الحديقة تذكّرتُ بأسى ما قلتَ لي قبل أسابيع: «كلّما أنهيتُ نصًّا بخس في نظري». شعرتُ بمرارة الهزيمة، فانعطفتُ إلى ساحة التّسوّقِ.

الرّجال والنّساء ينهمكون في اقتناء الخضراوات والفواكه ليعودوا إلى بيوت دافئة. أنا وحدي أعود إلى بيت عشّش فيه البرود.

كنتُ قد لقيتُ صديقاتي؛ زوجاتُ زملائِكَ في العمل. تعرفهنَّ بلا شكّ؛ عايدة بكّار، وعائشة المرنيسي، ونرمين القدميري. كُنّ مبتهجاتٍ؛ لعلّ بؤسي ما يمنحُهُنّ الإحساسَ بالتّفوّقِ. الأسَى على وجهي يفضَحُ رتابة عيشنا. تحدّثن عنكَ يُغَلِّفنَ سُخريتهُنَّ بودٍّ زائفٍ.

عندما رجعتُ منكسِرَةً إلى البيت، رنّ هاتفي الخلويّ، خفقَ قلبي بشدّة، تمنّيتُ أن تكون أنتَ. رغم خذلانِكَ المُستَمِرّ والآلامِ التي تتسبّبُ فيها، ما أزالُ أعشقُكَ. رفعتُ السماعة، ففاجأني صوتُ عميد كلية الآداب يستفسر عن غيابٍ طالَ أكثرَ مِمّا يُحتَمَلُ.

نعم، حاولتُ أن أجاريك. تتحدّث عن الكُتّابِ والفلاسِفَةِ والرسامين، فأقتفي دربَكَ. لمّا أحدِّثُكَ عن الأنثى والعشق، وعن فستاني الأحمر الجديد، تشيحُ، تبدو غائبًا، ثمّ تواصِلُ حديثك عن إيكو وغارسيا ومنيف..

مثيرٌ أمرُكَ للعجَبِ. أقرأ كتُبَك، فأجِدُ المرأةَ على عتباتِ القداسَةِ. تَجعَلُ منها آلِهَةً، يا أمين. عندما تُلامِسُنِي، يَقتُلُنِي البُرودُ. مُفارقاتٌ كثيرَةٌ تستفزّنِي، ترفُضُ السيد والمولى، ثمّ تتعبّدُ بالمرأَةِ على أوراقِكَ. سريعًا تلتفُّ حولَ كُلِّ شيءٍ لتعيشَ عبدًا لِهَواكَ.

فكّرتُ أخيرًا في إحراق مذكّراتِكَ وأوراقِكَ ومخطوطاتِكَ علّني أتخلّصُ من ماضيك، لكنّني أخفقتُ. أبغض انحرافك، وأعشق فيك المبدع الحالم. أوهامُكَ تُطرِبُني. أقرأ كتُبَكَ باستمرارٍ، بل أعيدُ قراءتها في كلّ وقتٍ. تخطُّ كساحرٍ، وتكيدُ كشيطانٍ، أيُّ رَجُلٍ أنتَ؟

جلستُ لأكتبَ. لا رغبة لي في الأكل.. خريفُ الشّاون زاهٍ جميل، لكنّ غيابك يبعثر أفكاري. عادَ والِدُكَ من العمل أبكَرَ ممّا اعتاد. تكدّرتْ أمّك؛ وجدتْ في الأمر خَطْبًا. لا بُدّ أن أضع القلَمَ، وأنضمّ إلى الطّاولة. كلُّ شيءٍ مقبولٌ في بيتكُم، حتّى قلقُ أمّكَ على أبيك؛ يأتي إحساسًا بالأمانِ.

لحظة، يا أمين، أريد أن أطرح سؤالًا: أمّكَ وفيّةٌ لأبيكَ، وأبوكَ مخلِصٌ لأمّكَ، من أينَ تسلّلَتِ الخيانَةُ إلى دمِكَ؟

10
ريم كيليطو/ صَوْبَ مدريد

مكناس/ فاس

2018 /10 /01

أدركتُ أنّها فرصتي الأخيرةُ، يا أمين، إمّا أن أنجح في اختراق السّور الذي شيّدته حولَكَ أو تنتهي تجربتي معك إلى الفشل الذي تَقُودُنَا رعونَتُكَ إليه.

فشلُ قَصَصِ الغرام لا يُثرِي الرّواياتِ، بَلْ يُفقِدُها جاذبيّتَها. هذا هُوَ الإنسانُ الذي نكونُ، لا يعيشُ بلا جنسٍ، وإنْ في صُوَرٍ مُتَحرّكةٍ على مواقِعِ النّت.

لا عليك، يا أستاذ التّاريخ، أدّيتُ واجبي كما يلزم، واستدرجتُكَ إلى الفراش. مارسنا حُبًّا فاحِشًا. فَعَلْتُ لأجلي أنا التي قد لا أحيا في ذَاكِرَةِ النّاسِ بغير أوراقِكَ، ولأَجْلِ النّصِّ الذي ما زالَ جنينًا يتلمّسُ طريقَهُ إلى النّور.

أتعرف؟ لم تكن، وأنت على السّرير، غير رَجُلٍ كباقي الرّجالِ، تتساوون جميعًا.

عشقتُ فيك رعونتك.

كنتَ عصيًّا على مدى الأيّام القليلة التي قضينا معًا، كما في سنوات الدّراسَةِ بين أسوار كلية الآداب. قاومتَ، لم تفلح معرفتُك بالتّاريخ، وغرامُكَ المُعْلَنُ للفلسفة، أو حتّى كُرهُكَ لبيولوجية الإنسانِ، في دفعك بعيدًا عن

قبضتي. الأنثى أقوى من التّاريخ والمنطق، ولا تعترِفُ بالمستحيل، ولأنّ الإنسانَ مرتَهِنٌ بجسده، محبوسٌ داخلَهُ، مهما بلغت مداركُهُ، كان قَدَرُكَ سريري.

أعترف أنّك استهويتني. قدمتُ لك جسدي فخارتْ مقاومتك.

نظرتَ إلى النّافذَةِ لِتُراوِغَ قدَرَكَ، فوجدتني كحورية أنبعث من نور. فككتُ ما تبقى من أزرار ثوبي، غمرتك بعريي فسقط آخر ما تبقّى من عنادك على شفتيَّ. متاريسُكَ من ورق، يا صاحبي. نسيتَ العالمَ بين أحضاني، ونسيتَ نفسَكَ.

تحوّلتَ إلى كائن وديع وأنا أسحبك إلى الفراش. احتويتُكَ، فتجلّتْ صورَتُكَ الأولى؛ طفلٌ يَرضَعُ ليرتوي باللّذةِ بَدَلَ الحليب.

كان اليومَ الأخير، إمّا أنْ ينهل بعضُنا من بعض؛ ممّا منحتنا الطّبيعَةُ، أو نصير مجرّد حكايةٍ في سطورِ روايَةٍ تحتفي بأكثرَ من زمنٍ وأكثَرَ من قضيّةٍ.

وكانتْ تأشيرَةُ العُبُورِ إلى مدريد، واللّوحَةُ الإلكترونية، وأحمر الشّفاه، والكحل الشّرقي، ورواية المقامر، كلّ عدّتي لأشنّ حربًا جديدة تختلف عن كلّ الحروب التي تُدرِّسُ أنتَ في مدرّجات كليّة الآداب والعلوم في «ظهر المهراس».

كلّ منّا يقامر، يا أمين، بِصِيغَةٍ مَا، ربّما للقضيّةِ ذاتِها، إنّما بِوَسَائلَ مختلفة.

أعرف الآن أنّ الحياةَ مغامرةٌ تتأتّى عن المُضِيِّ فوق ما يرفضُهُ بعضُهم، وتخشاه البقيّةُ، ولعبَةٌ لا تستحقُّ كلّ الحذر والخوف الذي يجثُمُ على صدورِ النّاسِ. إنّها قرينة الوَهْمِ، متى أدركنا كُنهَهَا سهلَ علينا ارتيَاد آفاقِهَا.

من يهابُ الجِيَادَ، يا أمين، لا يمتطي صهوتَها.

تذكّرتُ وأنا أنظُر إلى فمِكَ المفتوحَ وُجُوهَ المومياوات. التقطتُ لك

صُوَرًا كثيرةً، إحداها اقتصرتْ على فمِكَ المفتوح، حيثُ يستكِينُ لسانُكَ في عتمةِ ذاكِرَتِكَ.

أحتاجُ إلى صُوَرِكَ لأدينك إذا جاءت الرِّوايَةُ مفرغة من محتواها؛ من وجودي.

لبستُ قميصي، ذا الرّدنِ الأسود، وتنّورتي الحمراء القصيرة، وحذائي المفضّل بكعبه العالي، وسقتُ سيّارتي، أخوض في الطُّرقاتِ، أقصدُ مطارَ فاس الدّولي. تركتُ مكناس ورائي يُدَثِّرُهَا ضوءُ الفجرِ. كلانا تعرّى؛ دنّس فراشه بلذة محرّمة نكاية في أجيال بأكملها، أمامي الأفقُ الأزرَقُ يتفسّخ وساعاتٌ من المجهولِ.

هل تتفسّخُ مع حلكة هذا الفجر قِيَمُنا الممسوخَةُ، يا أمين؟ أحلم، عزيزي، بنهارٍ جديدٍ وعَهْدٍ جدِيدٍ وعالَمٍ جدِيدٍ.

اكتمَلَ الصّباحُ، كعروسٍ أتمّت زينَتَها. تركتُ السيارة في المَرأَب. نظر إليّ الحارسُ باشتهاء، تردّدَ في الاقتراب. كثيرًا ما يقهَرُ جمالُ المرأةِ الرّجالَ، فيعجِزُهُم عن طرح أسئلة بسيطة. لوّحتُ له فأسرَع نحوي:

-نعم، مولاتي.

-اعتنِ بالسيارة حتى أرجع.

لم أكن على علم بموعد عودتي، هل يكون بوسعي أن أعود أو أبقى هناك؟ دفعتُ له ما يرضيه ومضيتُ. ظلّ يلاحقني بعينين شبقتين.

الرّجالُ الذين يسقطون سريعًا لا يستحقّونَ الاحترام، أمّا أنت، يا أمين، فكان سقوطك أشهى؛ سقوطًا مدويًّا.

وضعتُ الحقيبة على الحزام المتحرّكِ، اجتزتُ الحاجِزَ الأوّلَ، حيثُ يجلِسُ موظّفٌ أربعينيّ إلى جانب شرطيّ، ثمّ قصدتُ دورةَ المياهِ لأراجِعَ زِينَتِي.

أنا مأخوذَةٌ بجمالي. يحقُّ لي ذلك. أرى فيه شطرًا أطلسيًّا وشطرًا غربيًّا، مثلما يُعجبُنِي الفلامنكو؛ المزيجُ المتجانِسُ لأكثَرَ مِن ذَاكِرَةٍ.

انشغلتُ بإدخالِ رتوش على زينتي، بدءًا مِنْ أحمَرِ الشّفاهِ إلى الكحل. لا بدّ من الأسوَدِ حتّى أضفِيَ على العينين الإيبيريتين بصمةً عربيّةً. على المرآة رأيتُ امرأةً مُعجَبَةً بِجَمالها، معتدّةً بنفسِهَا، مقتنِعَةً بثورتِهَا.

أخذتُ مكاني في الطّائرة، تتوالى الإرشادات الرّوتينية، توازيها الرّسُوماتُ التوضيحيةُ على الشّاشاتِ الصغيرةِ. تتحرّكُ الطائرة على المدرج، يرتفع هديرُ المحرّك، ثم ترتفِعُ مقدّمتُها؛ أنا في مواجهة الحقيقةِ؛ الماضي، والأفكار البالية، والحدود التي صنعها الحقد والرّفض.

- أمين، أنا أكثرُ إخلاصًا منك للقضيّةِ، لِذكرَى غيتة، ولِنَفسِي.

«لا بُدّ أن يأتي زمنٌ تسقطُ فيه كلُّ الحدودِ، وتنتفي الأسلاكُ، ويختفي الرّجالُ الواقفُونَ عليها ببنادِقَ محشوّة بأعراف بليدة»، قالت غيتة يومًا.

وها أنا، المريدة، أمضي على هدي تعاليمها، إمّا للنّصر أو نحو هزيمَةٍ أخرى.

البابُ الخلفيُّ الثّالثُ

نَحوَ لُعبَةٍ بِلا قَوَاعِدَ

1
ريم كيليطو/ عِشْقٌ محظُورٌ

فاس/ الدار البيضاء

2018 /10 /01

يغويني التّحدّي، يا أمين، القدرة على العيش المختلف؛ أن ألبس، وأعيش، وأمشي على خلاف ما يشتهي الآخرون. رائعٌ هو الرّقصُ في الشّوارعِ العامّةِ، النّومُ على الأرصفَةِ، التّبوّلُ تحت الجُسُورِ في الخلاوات، والمشيُ عاريةً؛ عاريةً تمامًا، تحت المطر. في صدري رغبَةُ حياةٍ لا تخضَعُ لحدُودٍ ولا تقبل مقاييسَ. سأغوص أعمق ما استطعتُ، وأذهب أبعد ما استطعتُ، وأقرأ أكثر ما استطعت.. وأموتُ، في نهايَةِ الدّربِ، بجوفٍ فارغٍ وَوِفَاضٍ خاوٍ، بلا بقيّة رغباتٍ ولا أحلامٍ مؤجّلَةٍ. لَنِ آخذ معي إلى التّرابِ ما يُبَدّدُهُ التّرابُ. تتبادَرُ لي أفكارٌ مجنونَةٌ، خرقاء. أليسَ الجُنُونُ، يا أمين، ما يصلح لعالم موبوء؟ النّارُ تحرقُ، وتنشُرُ الرّمَادَ والدّمَارَ، لكنّها تخلق عالمًا أروَعَ وأكثرَ خُضْرَةً.

لا بُدَّ من النّارِ، لا بُدَّ من الحريق لينبتَ العالَمُ الجدِيدُ الذي حلمتْ به غيتة، وماتت من أجله غيتة؛ حبيبتُنَا معًا، عشيقتُنَا نحن الاثنيْنِ.

تشاطرني الرّأيَ كاتبنا المبجّل؟

لعلّ الأمرَ يفاجئكَ؛ عشقتُ غيتة بدوري، أحببتُها روحًا وجسدًا. ذهبنا إلى الحمّامِ معاً في سنَتِنَا الأولى من التّعليم الجامعي. كما تُكتشَفُ أغلبُ الأشياءِ، وأعظَمُها، صُدفَةً، اكتشفْتُ عِشْقًا متنطّعًا صُدْفَةً. عندما تعرّتْ غيتة

شعرتُ بالرّغبة تجتاحُني. ردّدتُ مثل تعويذة: «يا أرض، احفظي ما عليك». خِفْتُ وأنا أتطلّعُ إليها. ابتعدتُ قدْرَ المُستطَاعِ. نظرتُ إلى الجُدرَانِ الرّطبَةِ الدّاكنَةِ، إلى السّقْفِ الهرميّ العالي والفانُوسِ الضّخمِ الذي يتدلّى غارِقًا وَسَطَ البُخَارِ. اكتفيتُ بالإصغاء إليها. كانت بصوتِهَا الدّافئ تزداد إثارة. تحدّثتْ كعادتها عن الأفكار التي آمنتْ بها. على لسانها يَصِيرُ العالمُ إلى مفاهيمَ واضحة. غيتة تجعَلُ منكَ إنسانًا مختلِفًا عن الذي كنتَ.

قالتْ وهي تنظر إلى السّقف:

- أنتِ جزءٌ من العالَمِ، يكفي أن تتغيّري ليتغيّر العالم بأسره.

هل كان منطقيًّا أن تموتَ غيتة، يا أمين؟ أليس من السّخفِ أن يغيب عن العالم من يستطيع السّموّ به ويبقى الأبالسَةُ والمفسدون؟

أفرغتْ طستَ ماءٍ دافئ على جسَدِهَا، ثمّ تطلّعتْ إلى الجُدْرَانِ. كنتُ في حضرة المُعلّمِ. وفي حضرة المعلّمين يكون الكلام قلّة أدب. أصغيتُ فاسترسلت:

- كم تشبه هذه الحجرة عالمنا، يا ريم! حيثُ البُخارُ يُغْرِقُ كلّ شيء، والأرضيّةُ لزجةٌ تهدّد بالانزلاق، يصير أسلم لنا أن ننظر إلى دواخلنا؛ إذا صفتِ الرّوحُ أفلحنا في تجاوز كلّ العوائِقِ. بينما يعتقد من يوجَدُ دَاخِلَ الحجرة أنّ الجدرانَ حدودٌ نهائيةٌ لا يمكن تخطّيها، يستطِيعُ المتدبّرونَ اختراقَها واكتشافَ مَا يوجد في الخلْفِ.

مالت نحوي، اقترب وجهُهَا من وجهِي:

- أنت مخيّرة، جميلتي، بين البقاء رهينة للجدرانِ أو التّحليق في العالم الحرّ. الحجرةُ قَفَصٌ، تُرضِيكِ القُضبانُ؟

استوتْ مجدّدًا، عاد صوتُها لجديّتِهِ:

- احذري أن تحلقي وقفصك في صدرِكِ. أنْ نَحْمِلَ معنا قيودنا ونُحلّقَ

يعني أنّنَا نحمِلُ معنا سُجُونَنَا لنَحُطّ بها في مكان آخرَ.

وهي تسترسل بالطّلاقة التي عَهِدْتُ فيها شعرتُ بنفسي فراشَةً تُرَفرِفُ. تتكَلّمُ، وحين تصمتُ، أستعيد حُرُوفَها التي تصيرُ إلى تعاليمَ. سألتني:

- أليسَ من المجحفِ أن يُولَدَ المرْءُ في غرفةٍ ضيّقَةٍ ويموتَ فيها؟

التفتُّ إليها، «جميلَةٌ أنتِ وسط البّخار، أراكِ بوضوحٍ؛ أراكِ في نفسي، داخلي، دونما حاجة لحاسّةِ بَصَرٍ». أفرغْتُ فوقِي ماءً دافئًا. ضَحِكَتْ:

- أينَ رَحَلَتْ، جميلَتِي؟

- معك، معك يا حبيبتي، معك.

فكّرتُ في تقبيلها. أحجمتُ. خشيتُ. ما كان ذلك مقبُولاً ولا منطقيًّا في حسابات فتاة تمرّدتْ. تمدّدنا معًا، على الأرضيّةِ الرّخاميّةِ؛ أغرقني العِشْقُ والبُخارُ، يا أمين، فلامستُ التّيهَ.

سألتُها:

- غيتة، هل يمكن للمرأة أن تعشَقَ امرأة أخرى كما يعشقُ رجُلٌ امرأةً؟

صمتتْ، غنّتْ بصوتٍ مسمُوعٍ. النّساءُ اللّواتي كُنّ يثرثرنَ من حولِنَا صمتنَ بدورِهنَّ. كانَ صوتُهَا شجيًّا، أجملَ في عالم مُعْتِمٍ مغلقٍ مشحُونٍ بالمحظورِ والعُرِي والتّوجّسِ والشّهوَةِ.

غنّت امرأةٌ أخرَى، كانَ صوتُهَا مبحُوحًا وفي لَحْنِهَا شُجُونٌ. سريعًا اتّسعت الحلقَةُ وصدحتِ الأفوَاهُ بجراحِهَا. نساءٌ كَثِيراتٌ، بِعُرْيِهِنَّ وغضَبِهِنّ ورغباتِهِنّ المكبوتة، غنَّيْنَ، وسط البُخارِ الذي تكاثفَ أكثرَ، وتحتَ الضّوءِ الأبيض الذي انكسَرَ أكثر، تمايلتِ الأجسادُ مثلما تتمايلُ أشجارٌ تلويهَا الرّيحُ. كان لا بدّ أن أنقُلَ الصّورةَ إليك، يا أمين؛ صورَةُ نساءٍ يتمرّدْنَ بطريقتهِنَّ، يُغنّين رفضًا لعَالَمٍ جارَ عليهِنَّ.

غلّفَ البُخارُ كُلّ شيءٍ، ضاعتْ معالِمُ الوُجُوهِ، وتحوّلتِ الأجسادُ إلى ظِلالِ أشبَاحٍ تتمايَلُ. لكُلّ ظلّ حكايَةٌ وصوتٌ ورغبَةٌ في التّحرّرِ. سمعتُ نساء يبكين. كُنَّ في حاجةٍ للبُكَاءِ في حفلةٍ تنكُّريّةٍ لم يكن في انتظارها أحدٌ.

مكانها، ممدّدة على الأرض، مغمضة العينين، كانت قادرة على رؤيتهنّ جميعًا، والتّنسيقِ بين كُلّ الأصواتِ. عندما اكتفتِ رفعتْ يدَها، غاب صوتُها فتراجعتِ الأصواتُ تِبَاعًا. وعلى خِلافِ طبائِعِهِنّ، تفرقن دون كلماتٍ، خضن في البُخار فذابتِ الظّلال، عُدْنَ إلى الدّلاء والثّرثرةِ. فهمتُ يومها أنّ نساءَ هذه الأرضِ لا يأتينَ للحمّام بُغيَةَ الاستحمامِ، بل يقصدنَهُ ليتعرّينَ وينتفضنَ ويُشارِكْنَ في حفلات التّنكّرِ. انصرفتِ النّساءُ، وتركنني أنعَمُ بها وحدي.

سرقتَ غيتة منّي، يا أمين، تسلّلتَ إلى قلبها والتففتَ. قاومتْ، لكنّها فشلتْ. أعلنتْ حبّها لك، واعتذرتْ لي. كرهتُكَ وكنتُ على استعداد لأقتلك. أحببتُها عن جدّ، وأخلصتُ لها، لذا تسلّلَ حُبُّهَا لك إلى قلبي. سامحتُكَ.

أنا وغيتة جسَدٌ واحِدٌ.

تمرّ الآن مضيفة بزيٍّ أنيقٍ، تدفَعُ عربَةً صغيرةً تحوي مشروباتٍ غازية وكحولية، على وَجْهِهَا بَسْمَةٌ تستدعي أقنعةَ الحفلات الرّخيصة.

- ما رأيك في كأس جعة؟

آمنتْ غيتة بضرورة رَفْعِ الحدُودِ، تجرّأت على تَنْزِيلِ أفكارِها. لم تكتفِ بقصائد ومقالات على أعمدة الجرائد والمجلات، أو حتّى بِنُصُوصٍ روائية كالتي تُصْدِرُ أنتَ على فترات. انضمّتْ إلى كوكبَةِ المهاجرينَ الأفارِقَةِ القَادِمين مِنْ ساحل العاج ونيجيريا وبوركينا فاسو.. ثمّ اقتحمتْ معهم أسلاكَ مدينة سَبْتَة في ليلة 15 سبتمبر. كنتَ نائمًا تستدفئ بين أحضان زوجتِكَ.

حطّتِ الطّائِرَةُ في مطار محمّد الخامس الدّولي قَبْلَ ساعة. أجلس الآن بمُفردي بمقهى في السّوق الحُرّة. وُجُوهٌ من مختلَفِ البقاعِ تملأُ المكانَ. فوضى مِنَ الأصواتِ والألوانِ، وحَرَكَةٌ نَشِطَةٌ لِخَلِيطٍ مِنَ الأعراق والجنسيات. أسحَبُ رشفاتٍ من فنجاني، أشعر بهدوءٍ تَامٍّ. هُدُوءُ محاربينَ قرّرُوا خوْضَ المعركة بعد تردّدٍ عمّر طويلًا. أعودُ إلى اللّوحةِ الإلكترونية، أُسَجِّلُ في صفحتي على «فيسبوك» تدوينة قصيرة: «الدّخولُ في معركَةٍ لَمْ يسبقكَ إليها أحد، لأجل قضية عادلة، انتصارٌ بيّنٌ، وإن كانت الهزيمة أمرًا محسُومًا».

ماتَتْ غيتة بن نونا، يا أمين، مؤمنة بقناعاتها. غادرتنا تحمِلُ رَفْضًا مُعْلنًا لتقسيم العالم إلى جنوب وشمال، أوّل وثالث، أو إلى كانتونات. التصق جسدُها بأشواك الحدود، تمزّق لحمُها وظلّت يدُها مرفوعة إلى أعلى ترسمُ شارةَ النّصرِ. مرّ الأفارقة المهاجرون عليها، وبعضهم فوق بعض، فغاصتْ الأشواك في أمعائها، وتدفّقَ الماء الأحمَرُ يروي الأرضَ والأحلامَ.

قالوا إنّ ملابِسَها تمزقتْ، وجسَدها تعرّى. كان عُرْيُهَا موسومًا بالدّم، يفضَحُ عالَمًا يُقَسِّمُ أبناءَهُ كما تُقَسَّمُ حقُولُ الخَصّ والبطاطِسِ وأحواضِ المقدونس والنّعناع. لفظتْ أنفاسَها على الحدود، فجاء موتُها عاصِفًا ساخِرًا من حضارة تدّعي الإنسانيةَ والرُّقِيَّ. ماتتْ كما ماتَ تشي جيفارا في غاباتِ بوليفيا بِرَأسٍ مرفوعٍ دون أنْ يمنَحَ جلادِيهِ الإحساسَ بالنّشوَةِ والزّهوِ.

هل حزنتْ وهي تحتضر في مكان كرّستْ عُمْرَها القصير لمحوِهِ؟ أيّةُ مفارقَةٍ أن يُلغِي وُجُودَكَ ما كنتَ تنتوي إلغاءَ وُجُودِهِ.

حان وقتُ السّفر، سأقصِدُ الطّائرة التي ستقلّنِي إلى مدريد. لن أستحضِرَ الآنَ حماقاتِي الكثيرة. ذِكْرَى غيتة بن نونا تُثْقِلُ على صدرِي.

2
أمين / إغـــواء

مكناس
2018/10/01

ريم، لعبة السَّردِ كلعبة الحياة، هزلُها جِدٌّ وجِدُّها هزلٌ. لا تكثري عليَّ. لا أحدَ يمتلِكُ المفاتيحَ ويختارُ الدُّرُوبَ كما يشتهي. نخوضُ جميعًا في مسالك الدّنيا وفي داخلنا أقدارُنَا. نحمِلُ أبدًا مصائِرَنا داخلنا ونجري كما يجري الماء في المجاري. حتّى أحلامُنا ليست لنا. حُلْمُ الحقِّ في العودة والهويّةِ كان حُلْمَ أسلافِنا الأقدمين فصارَ بعد قرونٍ قدَرًا لَنَا.

ريم، أنا وأنْتِ، مَعًا، اقتسمنا حبَّ غيتة روحًا وجسدًا، حملنا معًا أفكارَها داخلنا كما نحمِلُ أقدارَنا ونَضرِبُ في الدُّروبِ والآفاقِ.

لا تلوميني، جميلتي، أنا كَكُلِّ النَّاسِ أحمِلُ قدري وأمضي، أجدِّفُ ما استطعتُ ابتغاء حريّة تتعذَّرُ باستمرارٍ. الحريَّةُ مُبتغَى، عزيزتي، كالمعرفة، لا تكتمِلُ أبدًا. تحدثتُ إلى غيتة يومًا، كُنَّا قد عدنا للتو من أصيلة، وكان في صدري إحباطٌ كبيرٌ. سألتُها:

- هل يمكننا أن نُسقِطَ الحدودَ على اختلافها؟ أليستْ مِنَّا، يا غيتة؟ أخشى أن تكون أحلامُنا مستحيلةً، أخشى أن تكون الحدُودُ دَمُنَا ولحمُنا وأنفاسنا التي إذا انقطعتْ ضِعْنَا مَعَهَا.

قبّلتني، كان الخريفُ في فاس أكثر وطأة مِمّا هو في أصيلة، كأنّ المدينةَ بأحْمَالِهَا القديمة تستعجِلُ فصلَ الشّتاء. ضمّتني إليها بصدرِ أُمٍّ تُقَدِّرُ مخاوِفَ ابنِهَا.

- أمين؟
- نعم، حبيبتي.
- معركتُنا على خلافِ كلّ المعارِكِ، خصمُنَا الأوّل فيها يتمترسُ داخلَنَا، لا تتهيّبَ الحَرْبَ، خُضْ المعارك بشرَفٍ ولا بأسَ أن تنهزِمَ بِشَرَفٍ. الهزيمَةُ بِشَرَفٍ نَصْرٌ مؤجّلٌ. بعدَكَ سيأتي آخرُونَ ليواصِلُوا المعارك. سَتُلهِمُهُم هزائِمُنا فتتحوّل على أيديهم إلى مجدٍ. الحربُ طويلةٌ، يا أمين، دورُنا نحن أنْ نُعلِنَ بدايتَها فقط.

ثمّ صِرْتُ من أستاذٍ إلى تلميذٍ. كانت الأحقّ بكرسي الأستاذية، وكنتُ فخورًا بها كما لا يمكنُكِ أن تتخيّلي. بكيتُ بين يديها كطفلٍ، ثمّ اجتاحتني الرّغبة إليها، كيف للحُبّ أن ينصهِرَ في الأفكارِ؟ كيفَ لهذه الحدُودِ أن تتمزّقَ فترتَهِنَ الغريزَةُ بالفِكْرِ، بدل أن يرتهِنَ الفِكْرُ بالغريزَةِ؟ إنّها غيتة، غيتة وَحْدَهَا مَنْ تستطيعُ أن تفعَلَ.

منحتني الأملَ، سحبتْ حقيبَتَهَا وسارَتْ. مكانَها استوطنَ خريفٌ مقيمٌ، خريفٌ لا يعترِفُ بدورانِ الأرض حول الشّمس، ولا دوران الأرض حول نفسِها. لم أستطع فراقَهَا، سرتُ خلْفَها. عندما غابتْ في الدّروبِ، استوحشتْ وحدَتِي فبكيتُ مجدّدًا، بكيتُ كطفلٍ فَقَدَ القريبَ والبَعيدَ.

لَمْ أخُنْ غيتة يومًا، يا ريم. إنّها أقدارُنا التي نحمِلُ داخِلَنا. هل يمكن لنا أن نرفعَ الحدُودَ كُلّها؟ أنْ نتحرّر منها فتكون لنا الإرادَةُ مِلءَ حريّتِنا؟ أنا على دَرْبِ غيتة أمضي لأُعلِنَ بداية المعركة في حَرْبِ الحدود التي لن يُكتَبَ لها

أن تتوقّفَ. خَلْفَ كُلّ حدٍّ يوجَدُ حدّ آخر، وبعد كُلّ معركَةٍ لا بُدّ مِنْ معركَةٍ أخرى.

أعترِفُ في حضرتك، يا ريم، أغواني جسَدُكِ. أقبَلتِ عليّ فرغبْتُ فيكِ؛ تقاسَمْنَا الحريقَ. كلانا نَهَلَ من جسَدِ الآخرِ، مِنْ اللذّاتِ والعذابَاتِ. كنتِ الأميرةَ على السّرير، أمّا أنا فاخترتُ السيادَةَ على النّصِّ. النّصُّ أرقى وأبقى من السّريرِ.

أشعُرُ بالبرْدِ. البردُ الذي يدخلُ مِنَ النّافذة يُعمّقُ شعوري بالخلود، أمّا حركة السّتائر فتستدعي منطِقَ الأضدادِ، حيثُ الحرَكَةُ يعقبُها السّكونُ، والحياةُ يليها الموتُ. فُصُولُ الرّواية على المنضدَةِ ناقصَةٌ مبعثرةٌ، واللّيلُ يخيّمُ ثقيلًا مثل جيشٍ من المُرِيدينَ يُوالُونَ مستبدًّا يعشَقُ الدّمَ. المصابيحُ البعيدةُ، المشتّتَةُ، لا تضيء النّفسَ، إنّمَا تُغرِقُها في ظلام الذّاكرَةِ والتّاريخِ.

رأيتُ فيكِ عشْقِي الذي لَمْ يكتمِلْ. كنتِ صيغةً أخرى عن غيتة، نسخةً متقنَةً، لذا جاء الحبّ عاصفًا، لقاء بأكثر من امرأة، وأكثر من زَمَنٍ، وانزلاقًا عبْرَ بابٍ خلفيّ إلى ماضٍ لم يكن ليتأتّى، وإلى لَبَنِ الرّضاعة. لبنٌ زكاهُ بأسُكِ الرّحيمُ. كنتِ نارًا تُلْهِبُ، تَحرِقُ وتُداوي، تَلسَعُ وتُمتِعُ.

حلّقنا معًا؛ أنا وغيتة، فوق الأسوار التي شيّدها الإنسانُ. مِنْ فوق تبدو الأسوارُ تافهَةً، مجرّدَ خربشاتٍ، ترسمُ ضِيَعًا ومزارِعَ.

ماتَتْ فجأَةً، في غيْرِ ميقاتِ الموتِ، أبْكَرَ ممّا يُحتمَلُ، أمّا الحدُودُ التي ما تفتأ تقطّعُ وتجزّئ فما زالتْ في مكانِهَا، يحْرِسُها الجشعُ وغباءُ الإنسانِ وفوهاتُ البنادِقِ العمياء والحِقْدُ.

أحببتُ غيتة، أغواني صمتُها الجارِحُ، كلامُهَا الرّصينُ، مثلما أثارني جسَدُكِ، بشُمُوخِهِ وأبعادِهِ الثلاثة؛ العربية والأمازيغية والإيبيرية.

البَرْدُ أشدّ، لا أستطِيعُ إغلاقَ النّافِذَةِ حتّى لا تتوقّفَ السّتارَةُ عن النّبضِ.

أرْغَبُ في النّومِ، لذا أعتزِمُ دسّ أوراقي اتّفاقًا، لتكونَ صيغةً أخرى، تعبيرًا عن فوضى الحياةِ.. واللامنطِق.

ماتت غيتة جسدًا، كما ترين، ها هِي أفكارُها تحيا؛ تسرَحُ بعيدًا مخترِقَةً كُلّ الحدُودِ.

3
ريم كيليطو/ رسائل إلكترونية

مطار باراخاس الدولي

2018 /10 /01

De: hafadatoelmourisco11@yahoo.com

A: amineblanco13@gmail.com

01/10/2018 19:30

... حطت الطائرة للتو.

مطار باراخاس كخلية نحل، الكل يتحرك بنشاط وهمّة، كل الموظفين يبدون يقظين. تمرسهم الدائم على مهامهم جعلهم أقرب إلى روبوتات مبرمجة تقترن في حركتها الجودة والسرعة، ويغيب فيها حسّ الإنسان. الابتسامة الروتينية الممسوخة تأتي كسلوك شَرطي يُذكر بتجارب بافلوف التي لقنوها لنا في صفوف المدرسة الإعدادية. البشاشة الرسمية المزيفة جزء من هندام العمل، تُرتَدى مع ربطة العنق، وتُنزَع عند نهاية الدوام.

ما لم يُدَرّسْ لنا في المدارس والجامعات كان الأهمّ، أنّ الإنسانَ يسعى عبر التواصل إلى الكمال. الحدُودُ التي صنعها الأباطرة استجابة لنزوع بهيمي في التملك هي ما تكرّس النقص، لأنها تجعل من الاختلاط استثناء، لا قاعدة.

- هل تفهمني، يا أمين؟

De: hafadatoelmourisco11@yahoo.com

A: amineblanco13@.gmail.com

01/10/2018 19:49

عزيزي، يا من تجلس على الأريكة أمام التلفاز، هل تكْفِي سيجارة وفنجان قهوة ونشرة أخبار لتكتشف ما يجري في العالم؟ وهل يفلح وقوفك في مظاهرات حاشدة، لأجل قضايا إنسانية، في تغيير العالم؟ تمترسك خلف أوراقك خادعٌ. أنت تحلم أحلامًا وردية عن واقع رمادي، ثم تمني النفس في كل مرة بعالَم جديد. من يقرأ في أوطاننا، يا أمين؟ كتبكَ لن تُسهِمَ في التّغيير؟ من سيلتفت إلى نص روائي يحاول فتح قضايا نسيها أصحابها وأهملها العالم؟ أنت، كما كثيرين غيرك، تغيّرُ بقدر ما تسعى لتعيش لذة الاختلاف، وحتى تضمن بقاءً رمزيًا في ذاكرة الناس. أتفهمكَ، تخرق الحدود وفق ما يستهويك. في بقائك المفترض، بعد الموت، اجتيازٌ لحدّ آخر.. تذكّرني، يا صاحبي، بالبرجوازي الرصين الذي ينظرُ إلى الأحداث من أعلى، ولا يُقْبِلُ على التغيير إلا بالمقدار الذي يضمن له مصلحةً ثابتةً.

لا تنسَ، يا عابر سرير، نصائحَ الماما؛ ارتدِ ملابس تحتية من القطن كي تمتص العرق فتقيك من نزلة برد؛ بَرْدُ مكناس لا يعرف الهزلَ. وارتشف القهوة بلا سكّر، حتّى لا يصيبك داء السّكّري..

قبلاتي، صغيري المدلّل

De: hafadatoelmourisco11@yahoo.com

A: amineblanco13@gmail.com

01/10/2018 20:05

يساورني الشك.

- هل ثمة قضية على وجه الأرض تستحق كل هذا الإخلاص؟

«كل» تعني أنني مخلصة بالمطلق. هذا ما أشعر به وأبلوره واقعًا، على خلافك يا أمين، أنت الذي تعيش الإخلاص مجتزأ؛ مرّة لرغباتك، وأخرى لأحلام الكاتب الذي يسكنك، وأخرى لقضية ورثتها ضمن ما ورثت عن أبيك.

جميع المسافرين متعجلون، يتسابقون لكسب مواقع متقدمة في طوابير متوازية. لباسهم الخفيف المزين، في الأغلب، بألوان فاتحة بسيطة، يجعلهم أكثر خفة وأقرب إلى البله، على خلاف رجال ونساء الضفة الأخرى، دعكتهم الحياة فأثقلت حركتهم، وحدها عيونهم ما تتحرك بهمة لتضفي عليهم صفة صقور هرمة ما عادت قادرة على التحليق. تسابقهم عدميّ، بليد تافه إلى أبعد حد. لن يُحدِثَ في حياتهم أثرًا يستحق الذكر.

نعم، هذه القضية تستحق، لذا تواطأ القدر لنلتقي، ونكون معًا؛ أنا وأنت، جزءًا من فصول رواية مفترضة الوجود، ممكنة التحقق.

أمضي ببطء، أسحب حقيبتي خلفي وأتبع الخطوط المنفصلة، حولي يواصل المسافرون سباقهم العدمي البليد. ربان الطائرة بدوره يمضي بخطى سريعة كقائد سفينة عاد لتوه منتشيًا بالنصر بعد حرب طاحنة. يسرع وفي يده العلبة السوداء. انعطف يسارًا مع ممر خاص، قبل أن يختفي تبادل مع مساعدته كلمات مقتضبة دون أن يلتفت إليها.

دومًا هناك صناديق سوداء، عزيزي أمين، هل جربت أن تفتح صندوقك الأسود يومًا؟ لا أعتقد، أنت أجبن من أن تفعل.

- هل تهابني، يا أمين؟

De: hafadatoelmourisco11@yahoo.com

A: amineblanco13@gmail.com

01/10/2018 20:15

الطابور طويل، حاولتُ أن أكون آخر الصف، لا أريد إزعاج مسافرين لا يعرفون عن قضيتي شيئًا، لكن طائرات أخرى أفرجت عن حمولاتها، فلحق بنا مسافرون جدد. أمامي مهاجر مغربي يرتدي قميص نادي البارسا. يبدو سعيدًا بالعودة إلى بلاد العم «سيرفانتس». زوجته، نكاية فيه، أو ارتباطًا بموطن مولدها، ترتدي قميص نادي الرجاء البيضاوي. يجعلها النسر المرسوم على ظهرها مثل طائر خرافي يتأهب للتحليق.

أنا الآن أكثر توترًا، يفصلني عن موظف الجوازات ثلاثة مسافرين؛ إسباني عجوز، والمهاجران اللذان يثرثران بلا انقطاع. أشعر بك إلى جانبي، كما تُشعرُني هذه الرسائل الخاطفة بدعم معنوي خاص.

لعلي أحببتك بالفعل!

نعم، أنا أحبك، صغيري المدلل.

De: hafadatoelmourisco11@yahoo.com

A: amineblanco13@gmail.com

01/10/2018 20:17

اقتراح.

وأنا أتقدم في هذا الطابور، تحضرني شخصيات أحببتها؛ تشي جيفارا، ناجي العلي، وغسان كنفاني.. يشعرني مصيرها بالإحباط؛ ثلاثتهم ماتوا بعد كفاح لأجل قضايا لم تحقق نصرًا.. تشي حمل البندقية، علي استعمل الريشة، وغسان رفع القلم..

نعم، أحببت غسان كنفاني تحديدًا، وكانت «رجال في الشمس» معْبَر حبي إليه، لكنني خالفته بشدة، ولم أكن لأجد تبريرًا منطقيًا لِمَا وَسَمَ به عمله. لمْ أرَ رجالًا في الشمس، كل الذين حدثنا عنهم كانوا ممسوخين عاجزين.. أما تساؤله أو صراخه الشرعي «لماذا لم يدقوا جدران الخزان؟» فجاء مجانبًا للصواب.

أقترح عليك عنوانًا يجمع في كنفه كُتّابًا من حجم إرنست همنغواي وألبير كامي وغسان كنفاني.. وغضب ثوار عظام كناجي العلي وتشي جيفارا:

«لمن تدق جدران الخزان؟»

عنوان يليق برواياتك، ورفضنا، وبأحلام الذين سبقونا.

De: hafadatoelmourisco11@yahoo.com

A: amineblanco13@gmail.com

01/10/2018 20:19

تخلصتُ من كل الوثائق، يا أمين، مزقتها، نثرتها في مرافق عدة. أنا الآن، للمرة الأولى، إنسانٌ صرف، كائنٌ مجرد من كل الأوصاف. كأنني أستعيد إحساس الإنسان الأول الذي مشى دون أن يخمن حدودًا تعترضه. أريد للأرض أن تكون مفتوحة في وجه أبناء الأرض، هل يتحقق الحلم يومًا؟

أعرف عزيزي؛ أحلام وردية لواقع رمادي.

De: hafadatoelmourisco11@yahoo.com

A: amineblanco13@gmail.com

01/10/2018 20:21

أقف على الخط، أتساءل للمرة الأولى: «كيف يتعامل القانون الإسباني مع حالة مماثلة؟». أفكّر بجد في خوض معركة الأمعاء الفارغة إذا ما قرروا إيقافي.

سأكون سعيدة إذا مت لأجل قضية تعيد طرح حق ضاع قبل قرون.

هاتفك مقفل. أعرف، ستصلك الرسائل بعد حين. عندها...

عفوًا، جاء دوري، ستبدأ المعركة التي توجستُ منها أنا، وأخفقتَ أنت في خوضها، فاستبدلت بالواقع المداد والورق.

تحياتي

4
ريم كيليطو/ على المحكّ

مطار باراخاس الدولي

20:21 2018/10/01

طلَبَ مِنّي موظّفُ الجمارِكِ جواز السّفر. كان شابًا وسيمًا نحيفًا، في حوالي الثلاثين، يُشبِهُ إلى حدٍّ كبيرٍ ابن جارتي كلثوم. ابتسمتُ في وجهِهِ. ردّ بابتسامَةٍ مهنيّةٍ وعادَ ليكرّرَ:

- الجواز، من فضلك.

نظرتُ في عينيْهِ، أمكنني أن أرى انتصاراته وخيباته. دقّقتُ، أعرِفُ من العيون سيرةَ أصحابِها. هذا الشّاب يعيش خيبة عشق.

- هجرتك حبيبتك؟

بدا مندهِشًا. عاد سريعًا ليُكرّرَ الطّلبَ نفسَهُ:

- سيّدتي، الجوازُ، مِنْ فضلك.

ضحكتُ:

- ليس بحوزتي أيّ جواز، سيّدي.

- تراجع قليلًا إلى الخلْفِ، دقّقَ جيّدًا في ملامحي. لم يلحظ أيّ شيءٍ غريبٍ. كنتُ إسبانية بامتياز، تزكّي لغتي الإسبانيةُ الطّليقةُ انتمائي.

- فقدتِ الجواز في الطّائرة؟

- كلا.

- أين؟
- لا أعرف تحديدًا.
- أنت إسبانية؟
- نعم، أنا كذلك.
- بطاقة هويتك، سيّدتي.
- لنقل إنّها ضاعت هي الأخرى.

رفع حاجباً وترك آخر يرقد. غابتِ الابتسامة وسكنَ وجهٌ محايِدٌ.

- متى ضاعت منك وثائقكِ؟
- منذ خمسة قرون، سيّدي.

أزالَ نظارته، وضعَها على المكتب، عاد ليتطلّعَ في وجهي. أضاف بصبر نافِدٍ:

- يوجد خلْفَكِ كثيرٌ من المسافرين، كما ترين. لا وقت...

قاطعته:

- صرَفَ غيرهُم أعمارَهُم في انتظار لحظَةٍ مُمَاثِلةٍ.

رفع يده لينهي حوارَنا القصير:

- كيفما كان الحال، يمكننا أن نرشدَكِ لاتّباع الإجراءات القانونية، في حال فقدان الجواز، سواء أكنتِ إسبانية أم لم تكوني.

نظرتُ خلْفي، ابتسمتُ بخبث:

- كما ترى، هناك بوابات كثيرة للجمارِك، يمكن لهؤلاء أن يقصدوا أيّ واحدةٍ. أنا، سيّدي، أحمِلُ قضيّة تستحقّ وقتكُم.

ارتفعت احتجاجات المسافرين الواقفين في طابور الانتظار. على بعد أمتار، لوّحت له موظّفةُ جمارك أخرى تستفسر عن سبب التّأخير. ردّ عليها

بالكتالانية. كانا صديقين مقرّبين. لم أعرف ما قال، لكنّني فهمتُ المعنى من ابتسامتها السّاخرة. رفَعَ السماعة دون أن ينظر إليّ، طلب شرطةَ المطار.

- سيّدتي، سيأتي إليك من لديه كلّ الوقت لقضيّتك.

بهدوءٍ مستفزٍّ، قلتُ لَهُ:

- أكرَهُ الحدُودَ، سيّدي، وأبغضُ من يَقِفُ عليها.

5
الإحساسُ بالغدر

مكناس

01 - 02/ 10/ 2018

استيقظتُ باكِرًا. رَائحَةُ جسَدِها تغمُرُ الغرفة بالكامِلِ. فتحتُ النّوافذ فتدفّقَتِ الرّيحُ والشّمسُ. شوارِعُ حمرية كسولةٌ عند الصّباح، خاملةٌ، تُوهِمُ بحياة وديعة هانئة، لكنّها سريعًا تستأنفُ غضبها؛ يمسُّها السُّعار إلى أن يستَتِبّ اللّيلُ فتستكين. سحبتُ ملابسي من المِشجَبِ، وارتديتُ الحذاءَ. ناديتُ عليها كما يفعَلُ حبيبٌ قديمٌ:

-ريم، أينك؟

لكنّ أحدًا لَمْ يَرُدَّ. خمّنتُ أنّها في الحمّام. تفقّدتُ غُرَفَ الشّقّةِ. سدى. «لا بأس، ستعودُ سريعًا»، فكّرتُ. أعددتُ الشّاي، ووضعتُ حبّاتِ كرواسون في جهاز الميكروويف، وملأتُ عدّةَ صحون بزيت الزّيتون والزّبدة والمكسّراتِ. شعرتُ بالألفة للبيت. الألوانُ والأشكالُ تُواتِي ذوقي إلى حدّ بعيد. شغّلتُ التّلفاز، وتناولتُ فطوري كاملًا، بينما كان برنامجُ صباحياتِ القناة الثّانية يغدق بالنّصائح المعتادة على ربّات البيوت. رفضتُ تشغيلَ الهاتف، لا أرغبُ في استقبال مكالماتٍ من مسئولي الكلية، ولا من الأهل. لعلّي وجدتُ في انقطاعي عن الحياة الأولى شطرًا من حُرِّيتي. أفضّلُ أن أعيشَ بلا ماضٍ، وأمضي كمجذوب، ألبس «دربالة» وأخوضُ في القفارِ.

انتظرتُ ما يكفي من الوقت ثمّ خرجتُ. قصدتُ سوقًا صغيرًا للكُتُبِ الباليةِ. اقتنيتُ كُتُبًا في التّاريخِ والفلسفةِ وبضعَ رواياتٍ. كُتُبٌ لم أكن في حاجة إليها. ارتشفتُ فنجانًا في مقهى «ركس»، كما يفعَلُ موظّفٌ رسميٌّ ساذجٌ في حياة تقتلُها الرّتابةُ. إلى جواري كان كثيرٌ من الرّجال، ببدلات أنيقة مكوية، يفرِدُونَ الجرائِدَ ويرتشِفُونَ من فناجينهم. طويتُ الجريدَةَ التي بين يديّ. استبدلتُ بِهَا رواية «الشيطان والآنسة بريم». عندما كنتُ صغيرًا، حلمتُ بمهنةِ سائقِ شاحنَةٍ مِنَ الوزنِ الثّقِيلِ. كانت الطُّرُقُ والموسيقى والبُلْدانُ تعني السّعادَةَ. منّيتُ نفسي بالمبيتِ كلّ ليلةٍ على أرضٍ مختلفَةٍ، ولقاءِ أُنَاسٍ من مختلف الأجناسِ واللّغاتِ. كبرتُ فوجدتُني أستاذًا ملزَمًا بالقواعِدِ، مقيّدًا بالأعرافِ، مربُوطًا إلى كرسيّ.

أيّ بؤس.

لم أكن لأحترم الضّوابط التي تجعل منّي نموذجًا ناجِحًا لمُوظّفٍ رسميّ بليدٍ يقرأ الجرائدَ كلّ صباح على كرسيّ في مقهى قبل أن يقصد العمل.

في طريق العودة إلى البيت، استرجعتُ مجريات ليلة أمس. انتشيتُ التحامنا الذي جرى. ريمُ فاتِنَةٌ، شهيّةٌ، تتقن لعبة الإغواء. في باب العمارة استوقفني البوّابُ، سألني من أكون، وأيّ شقّةٍ أقصِدُ. ابتسمتُ في وجهِهِ، وواصلتُ تسلّقَ الدّرج. لم أجد ريم فساورني الشّكّ. ابتهجتُ مع القرع الذي جاء على الباب، فكّرتُ في تقبيلها. تركتُ الكتب على الطّاولة وأسرعتُ. حين فتحت الدفة ظهر البوّابُ مجدّدًا بجسدِهِ المترهّلِ.

- أستاذ أمين، أليس كذلك؟

- بلى، خيرًا؟

سلّمني ظرفًا مغلقًا، ثمّ مدّ يدَهُ يصافحني.

- الأستاذة ريم أوصتني بخدمتك طيلة فترة بقائك في شقّتها.
- أشكرك.

نفحتُهُ دراهِمَ، وانحدر مع السُّلَّمِ يحمِلُ عُقُودَهُ السّت، وأحلامًا بالرّغيفِ والشّايِ ومزيدٍ مِن الإكرامياتِ. أغلقتُ البابَ وارتخيتُ على الأريكة خائبًا محبطًا. قرأتُ:

«أمين،

كنتُ سعيدة وأنا أمزِّقُ الحدودَ التي كانت بيننا؛ بين الطّالبةِ والأستاذِ، أسْعَدَ ونحنُ يقبِّلُ كلانا الآخر في الشّارعِ، وأمامَ النّاسِ.

تعجبني. رغبتُكَ في الحياة مُذهِلَةٌ.

سأرحَلُ الآن، في لعبة التّحدّي نفسِها، لأمزّقَ حدُودًا أعظَمَ. أحلُمُ بالعبُورِ نكايةً في التّاريخِ والجُغرافيا والأحقادِ، أحملُ هُوِيّتِي التي مضَى عليها أزيَدُ من خمسَةِ قُرُونٍ. في مطار باراخاس تكون جولتي الجديدة.

حظًّا موفّقًا، عزيزي، مع مزيد من الطّالبات.

ريم كيليطو».

حملتُ أوراقي وحاسُوبي، أغلقتُ الحقيبةَ. في الخارج كانت مكناس تتربّصُ. شعرتُ بالضّيقِ والجفاءِ والغدرِ. مشيتُ طويلًا، وتمنيتُ لو كان بإمكاني أن أدرك ريم حيث هي. ما كان مستساغًا أن تجنَحَ. تطلّعتُ إلى شرفاتِ البيوت والنّوافذ وعتباتِ الأبواب، فرأيتُ مدينةً ترتعُ في العذابِ، هربَ عنها التّاريخُ وتركَها تتخبّط في أوجاعها. مرّة أخرى تُوَاجِهُنِي شوارعُ مدينةِ الماضي. الوُجُوه نفْسها التي تحمِلُ تيهًا تعتلِي أكتافًا هدّتها الحياةُ ولم يُبقِ لها البؤسُ ما يستحقّ الذّكرَ.

نعم، يا ريم، تمنّيتُ لو أستطيع أن أحمِلَ قلَمي، وأخطَّ دروبًا غير

الدّروب، وأحرّرَ شوارعَ أخرى، ومدينةً أخرى؛ وُجُودًا غير الوجود، ثمّ أتسلّلَ إليه كأرضة لأعيش عالمًا مِنْ صُنْعِي، تمنّيتُ لو يَجود عليّ السّردُ بما لَمْ تجُدْ به الحياةُ، فيُغنِينِي قَدَرٌ عن قَدَرٍ. حَدٌّ آخر، عزيزتي، حَدٌّ عصيٌّ يأبى الانصِيَاعَ. ثمّة دومًا حدٌّ ثانٍ يتحدّى أحلامَنَا.

تناولتُ غداءً سريعًا في مطعمٍ شعبيّ. كنتُ في حاجة للصّخبِ والفوضى كي أملأَ الفراغَ الذي غمرني بغياب امرأة جاءت بغتة، وغابت قبْلَ الأوان. رفعَ النّادِلُ الأطبَاقَ، ومَسَحَ الشّرشَفَ، ثمّ أشارَ لزَبُونٍ آخرَ بالجلوسِ. تركتُ الطّاولةَ. أدركتُ أنّ المدينةَ تلفظُنِي.

عندما سقطَ المساءُ، وتراجعَ النّهارُ يقصدُ بلدانًا جديدةً، عدتُ مضطرًّا إلى شقّةِ ريم. سألني البوّابُ إِنْ كنتُ في حاجة إلى أيّ خدمة. توقفتُ. متأثّرًا بحجم الفراغ الذي أستشعره، قلتُ له:

- أحضر لي ريم؟

باغتَهُ الطّلبُ. مُسَلّحًا بغريزة الذّئابِ، عادَ سريعًا ليُجِيبَ بالطّريقَةِ المُثلَى التي تُواتِي رَجُلًا أمضى عُمُرَهُ، يخدمُ بوفاءِ كلبٍ، في أبواب العماراتِ:

- إذا امتلكْتَ المالَ، سيّدي، أمكنكَ أن تجلب الغزلان بأنواعِهَا.

ضحِكْتُ. كانت المرّة الأولى التي أفعل منذ غابَتْ ريم. نفحتُهُ ورقةً. قلتُ له قبْل أن أولي إلى الشّقّةِ:

- لا أريد اللّحظة من الغزلان كلّها غير غزال واحدٍ.

حاولتُ أنْ أسترخي، في غرفة النّومِ، على السّرير الذي جمعنا أمسِ، لكنّني فشلتُ. بيتٌ بلا أنثى لا يُسَاوِي شيئًا. قمتُ إلى المطبخ، أعددتُ شايًا بالنّعناع، ثمّ ارتكيتُ أتابع شريط «كوكب القردة» الذي شاهدته في عدّة مناسبات. عاودتني الرّغبة إلى ريم، تألّمتُ لغيابِهَا، نظرتُ إلى ساعة

البندول، ركزتُ انتباهي على الرّقّاص. قبْلَ أن أغفو هزّني قرْعٌ على الباب. «هذا البوّابُ المُتصابِي يُزعِجُني». سحبتُ الدفة. تسمّرتُ ثوانٍ قبْلَ أن تخرُجَ الحروفُ الأولى:

- مرحبًا. هل من خدمة؟

تلكّأتِ الفتاةُ. مالَ رأسُها قليلًا، ثمّ ابتسمتْ.

- أنا ضيفةُ خيرٍ.

راوغتني ودخلت إلى الشّقّةِ:

- قدِمتُ بطَلَبٍ مِنَ البوّابِ لخدمتِكَ. طبعًا إن كان وُجُودِي يرضيكَ.

جلستْ، وضعتْ ساقًا على ساقٍ. تأمّلتُها. فتاة عشرينية متوسّطةُ الجمالِ والطّولِ، لكنّها مَرِحَةٌ بما يكفي. تردّدتُ. انتبهتُ إلى صدرها. كان ممتلئًا ناهضًا.

- لا بأس، حسنًا فعل.

تبدّد توتّرها، فأزالت الشّال عن كتفيها.

- عندك عشاء جاهز أم...

- يمكنك أن تُعِدّي العشاء بنفسِك.

نهضتْ تقصِدُ المطبخ. حركتُها الواثِقَةُ تكشِفُ تردُّدَها على البيتِ. سألتُها:

- زرتِ الشّقّةَ من قبل؟

ابتسمتْ:

- أكثر من مرّة.

«ريم تخلّفُ الرّجال وراءَها، وتوصي لهم ببنات الرّصيف»، فكّرتُ. شعرتُ بالإهانة. صرختُ في وجهها:

- توقّفي.

أمسكتُها من يدها ثمّ سحبتُها إلى الدّرجِ. شتمتني ورحلتْ. حملتُ حقيبتي وخرجتُ إلى شوارعِ مكناس. مجدّدًا يقابلني الوجهُ الشّاكِي نفسُه لمدينَةٍ استبدّ بها خريفُ التّاريخ.

مكناسُ تتعقّبُني في نصوصي جميعها، كقَدَرٍ لا مفرّ منه تتبعُنِي لتذكِّرَني أبدًا أنّ الأمكنةَ تتألّمُ، تشكو؛ تحِنّ إلى العِزّةِ وقد مسّها الذّلُّ.

أمضيتُ ليلةً كئيبةً بائسَةً في فندق الزّكي. تقلّبتُ في الفراشِ لساعاتٍ، ثمّ قابلتُ النّافذةَ المفتوحَةَ على البرية. تأملتُ عمري الرّاكض، المنزلق كظلّ. عندما أطلّ الصّباح، كنتُ قد اتخذت القرار المُناسب؛ أن أقصد بيت عابري السّبيل في جبال «باب برّد». عاودتني الرّغبةُ في الانزواءِ. كانَ الوقتَ الأنسبَ للرّحيل. استأجرتُ سيّارة «داسيا» صغيرة بمقابلٍ معقولٍ. عرّجتُ على محلّ للمئونة وتبضّعتُ. اشتريتُ كلّ ما يلزم لإقامة طويلةٍ في الجبلِ. في الطّريقِ عاودتني أوجاعُ الماضي. تذكّرتُ أبي؛ الحاج محمد فاضل؛ حلمَهُ المؤجّل بالرّجُوعِ إلى موطن الأجدادِ، وفاءه لذكرى السّقوط، وتشبث أمّي بألوان مملكة غرناطة. كان مئزرُهَا كعلم يختزِلُ تاريخًا عمّر قرونًا.

غادرتُ مكناسَ قبيل منتصف النّهار، مع منعرجات الطّريق أمكنني أنْ أقِفَ على العُمُرِ الهارِبِ من بين يديّ. خشيتُ أنْ يَطالَنِي ما لَحِقَ الذين سبقوني، فيصير حقّ العودَةِ مجرّدَ حُلُمٍ جميلٍ يُختزَلُ في مفاتيح يُسَلّمُهَا الآباءُ للأبناءِ.

اختارتْ غيتة أن تعبرَ الأسلاكَ في الطّريق إلى أحلامِهَا. ماتتْ ولم يتحقّقْ شيءٌ. مرّ الهاربُونَ مِنْ جحيمِ إفريقيا على جسَدِها، وخلّفوها وراءَهُم تحتضر. ذَكَرَتْ منابِرُ قليلة خَبَرَ مَوْتِ شابّةٍ مغربيّة في محاولة للعبُورِ، لكنّ أحدًا لَمْ يرفع أسئلتها، ولا قلّبَ أفكارَها التي تركتْ على حائطها غداة الرّحيل. سافرتُ إلى

الحدود، وقفتُ حيث قضتْ. كان الإسبانُ قد أعادوا رَتْقَ الأسلاكِ، وزادوا فوقها أسلاكًا شائكة أكثر صلابة كي لا تُفلِحَ سَوَاعِدُ الأفارِقَةِ القادِمِينَ من خلْفِ الصّحراءِ الكُبرَى في تمزيقِهَا. بدورهم زرَعَ المغارِبَةُ مزيدًا مِنْ أبراجِ المُراقَبَةِ ليتصدّى العسكَرُ لحُشُودِ المقهورين. كانتْ لُغَةُ الجدرانِ الشّائكَةِ واضِحَةً لمن ينظُرُ إليها بشيءٍ من التّروّي: «موتوا حيث أنتم، لا هروب من الجحيم». رفعتُ صوتي وأنا ألامس الأشواك:

- لِمَ مُتِّ إذن، يا غيتة؟ حلمتِ بآلافِ الرّجال والنّساء يتظاهرون في كلّ المدن، بالشّموع تُقادُ على امتداد الأسلاك إجلالًا لك وللقضيّة التي جئتِ تحملينها.

أشار لي جنودٌ إسبان بالابتعاد. رياحُ سبتمبر قاهِرَة. مع سقوط أوراق الشّجر تسقط كثيرٌ من الأحلام. زعقوا في وجهي. استدرْتُ، سِرتُ أحمِلُ في صدري حزنًا وإحساسًا بالعار. بكيتُ في سيّارتي أكثر من جُرْحٍ.

«أحلامك بلهاء»، هذا ما قال كُلّ الذين ناقشتُ حكايتَكِ معهم. «من يصنَعُ التّاريخَ لا يهابُ الأشواكَ»، قلتُ لهم. حذّروني من مغبّةِ مُغامَرَةٍ مماثلَةٍ، طمأنتهم. قلتُ لهم إنّ غيتة أكبر منّي وأعظم.

ليلتَها، حلمتُ بي أعبُرُ الحدُودَ.

- هل يأتي يومٌ وأملِكُ جرأتَكِ وأفعَل؟

6
مِندُوسَا سِيبَاطَا

مطار باراخاس الدولي

مساء

2018 /10 /02

- أنا فتاةٌ إسبانيةٌ من المغرب، وَفَدَ أجدادي مرغمين قبل خمسة قرونٍ إلى شمالِ إفريقيا، إِثْرَ قرارٍ سياسيٍّ جائرٍ بالطّردِ. لَمْ آتِ طلبًا لعمَلٍ، ولا لأجلِ عيْشٍ أفْضَلَ، جئتُ لأُبْلِغَ صوتَ أجدادي؛ إنّنَا من هنا قَدِمْنَا ولنَا الحَقُّ في الرُّجُوعِ.

وضع «خوليو أثانيا» نظّارتَه على المكتب. أشرَفَ على إنهاء دوامِهِ ولم يحرز تقدّمًا. نفد صبره من الدّوران في حلقة مفرغة، فاستدار نحو زميله.

- سنوات طويلة في خدمةِ شرطةِ المطار لم أشهد خلالها حالة مماثلة.

بـ«وقاحة»، كما قدّر خوليو، تطوّعتِ الفتاة الغريبة الأطوار لتعلق:

- وها قد قُدِّرَ لك أن تشهدها.

ظلّ مندوسا صامتًا، على خلاف المعتاد. لم يندفع لطرح مزيد من الأسئلة. نظر إلى الفتاة الجالسة على الكرسي بهدوء وثقة من زاوية مختلفة. لم يكن الأمر بالنّسبة له مجرّد تعاطفٍ عابرٍ يحصل من حين إلى حين مع حالاتٍ معيّنةٍ. سحب الكرسيَّ، أخذ نفسًا عميقًا، وترك لزميله مسألة الاستِجوابِ. عاد خوليو ليسأل مجدّدًا وفي صدره حسرة على سنوات عمله الأولى التي

كانت في عهد الجنرال فرانسيسكو فرانكو. لو عاد الزّمنُ إلى ما قبل 1976 لكان علّمها الأدب. تمالك نفسه، أعاد نظّارتَه إلى وجهه:

- سأسألُ للمرّة الأخيرة، أين جواز سفرك المغربي؟ إذا كنت تودين طلب اللّجوء، يمكنك أن تفعلي. القانون الإسباني...

قاطعته:

- اللجوء إلى الوطن أمر طبيعي. أنا الآن على أرضي، وفي وطني. لا تتعب نفسك.

تدخل مندوسا أخيرًا:

- هل لك من إفادة أخرى؟
- أنا فتاةٌ إسبانيةٌ من المغرب، وفدَ أجدادي مُرغمِينَ قبل خمسَةِ قُرُونٍ إلى شمال إفريقيا، إثر قرارٍ سياسيٍّ جائرٍ بالطّردِ. لم آتِ طلبًا لعمل، ولا لأجل عيشٍ أفضلَ، جئتُ لأبلغ صوت أجدادي؛ إننا من هنا قدمنا ولنا الحق في الرجوع بلا جوازات سفر.
- حسنًا، حسنًا آنستي. حفظنا لازمتك، ليس ثمّة داعٍ أن تعيديها مرّة أخرى.

في انتظار أن تحال ريم إلى الجهةِ المختصّةِ، ليبتَّ القانونُ الإسبانيُّ في أمرها، ظلّت في غرفة انفرادية بضع ساعات. بدا كأنّها تركت وحدها وستنسى إلى الأبد. مرّت الساعات ثقيلة متلكئة. مع ذلك، شعرت بالسلام. كانت مقتنعة بما تفعل. رتّبتْ أفكارها، وأعدتْ نفسها لكل الاحتمالات. لن تتردد في الإضراب عن الطعام لتُبْلِغَ صوتَها خارج الأسوار. نظرت إلى معصمها، تجاوزت الساعة منتصف الليل. ترغب في النوم. تذكرت أمين. رغم كل المؤاخذات، استلذت لعبتها معه. أمتعها اللقاء به، وما كانت لتمانع إعادة التجربة، لو كان الوقت يسمح.

انفتحَ البابُ، ظهر مندوسا بجسده الضخم ووجهه الممتلئ. جاء يحمل كيسًا كبيرًا. حياها بود. أفرغ الكيس. بادر:

- غيِّري ملابِسَكِ بِسُرعَةٍ واتبعيني. سأشرح لكِ كل شيء.

نظر إلى الجدار بينما ارتدت ملابس شرطة المطار.

- متأكد مما تفعل؟

- لن أضيع فرصة ثمينة، آنستي.

- أشكركَ.

- لا تشكريني. ستدخلين إلى وطنك، وبلا جواز سفر، هذا أمر بسيط؛ حق كما أسلفتِ.

مضت إلى جانبه. لَمْ تُثِرْ أدنى شُبهَة. هذه الفتاةُ الجميلَةُ ذات القوام الممشوق تمضي فوقَ الشّبُهَات. عبرُوا أبوابًا كثيرَةً، نزلُوا سلالِمَ متحرّكة. تفادى مندوسا الحديث إلى زملائه. مشى بثقَةٍ. عندما تدفّقتْ الرياح الباردة للشّوارعِ المفتوحَةِ، ساورَها ندمٌ طارئ. توقفت:

- جئتُ لأواجِهَ العالَمَ دفاعًا عن حقّ، لا للمُرُورِ متخفية في زيّ الشّرطَةِ.

أمسكها من يدها، سحبها إلى المرأب. وهما يمضيان في سيّارة تويوتا رباعية الدّفع في الشوارع التي تغفو ليلًا ولا تنام، قال لها:

- سيحدث كلُّ شيءٍ من تلقاءِ نفسِهِ. هكذا تكون القذيفة قد غادرت فوهةَ المدفَعِ.

تساءلتْ، في طريقها إلى مكان تجهَلُهُ، لِمَ يغامِرُ هذا الرّجُلُ لأجْلِ قضيّةٍ لا تمثِّلُ لهُ الشّيءَ الكثيرَ. تركت للأحداثِ، كما قال مندوسا، أن تَلِدَ مزيدًا مِنَ الأحداثِ. أحيانًا يُصبِحُ مِنَ الحكمة أن ندَعَ السّياقات تمضي إلى نهاياتها.

أطلق موسيقى الفلامنكو والتفتَ إليها. حرّكتْ رأسَها. غمغمتْ:

- إنّها الذّاكِرَةُ التي لا تموت.

7
خوليو أثانيا

السّاعات الأولى

من صباح

2018 /10 /02

مدريد

تمدّدَ «خوليو أثانيا» في فراش النّومِ إلى جانبِ زوجتِهِ. كان قد تناوَلَ وجبةَ عشاءٍ خفيفةً بِمُفرَدِهِ. كفّتْ إيصابيلا، قبل سنواتٍ بعيدةٍ، عن انتظارِهِ. تحوّلَ البُرُودُ المتراكِمُ بينهما، بفعل السّنواتِ، إلى جليدٍ، فمات ما كانَ من وِدٍّ. بدورِهِ، لَمْ يُكلّفْ نفسَهُ عناءَ طرحِ السّؤالِ. يأتي متأخِّرًا، ثمّ ينحشِرُ في السّريرِ متلافيًا تقاطُعَ نظراتِهِمَا. يحدُثُ ألا يرى كلاهما الآخر أيّامًا. ينام ويستيقظ قبل أن تستفيق، ثمّ يعودُ ليجدَها نائمة في فراشها. يشعر في مناسبات كثيرة أنّ زوجتَهُ لم تبرَحْ فراشها أبدًا؛ يُغادِرُ البيتَ وهي في الفراش، ويعود إليه وهي في الفراش. وجهُها أبدًا نحو الجدار. عندما يستحضِرُ إيصابيلا الأخرى، الفتاةَ النّهمةَ للحياة الشّغوفةَ بالحبِّ، يبتئِسُ. سيمرُّ مساءَ غدٍ، كما اعتاد، على الصّيدلية، ويشتري علبة واقيات ذكرية لن يستعملها أبدًا، يضعها عند عودته إلى البيت في الجارور، فوق مئات العلب الأخرى، ثمّ ينقلبُ لتناول عشائه الخفيف. خوليو يعيش على الماضي. انطفأتْ علاقتُهُ بزوجتِهِ، فكفّ الزّمنُ عنِ التّقدّمِ.

وضع رأسَهُ على المخدّةِ، رائحَةُ جسَدِهَا ظلّتْ كما كانت؛ تفلحُ دائمًا في استرجاعِ ذكرى إيصابيلا اليافعة المرحة. الرّائحةُ تواسيه؛ عبْرَها يمضي، كلّ ليلَةٍ، فوقَ جُسُورٍ مُعلّقَةٍ، إلى الأحلامِ. غفا، لكنّ رنينَ الهاتِفِ المحمول انتزعَهُ. لنْ تتمَلمَلَ إيصابيلا من مكانِهَا، ولَنْ تعبّر عن أيّ امتعاضٍ. ستبقى، مَهْمَا حدَثَ، ساكِنَةً في مكانِهَا كميّتٍ. سحَبَ الهاتِفَ بسُرعَةٍ، دفع الفراش، ثمّ خطَا إلى خارِجِ الغُرفَةِ بقدميْنِ حافيتَيْنِ. كان عليهِ أن يُخالِفَ التّعليماتِ، فيقفِلَ الهاتف ويرتاح من مفاجآت ما بعد منتصف اللّيلِ. قالَ بِصَوتٍ مُتعَبٍ حانقٍ:

- ألو، نعم.

- عذرًا، خوليو.

كان صوتَ «خوسيه ماركيز» رئيس مكتب الاتّصال، مِنْ شُرطة مطار باراخاس الدّولي. تثاءَبَ، ردّ بتلكؤ:

- ما الخطب، يا خوسيه؟

خمّن أن نزولًا اضطراريًا لطائرة آسيوية سيحرِمُهُ مرّةً أخرى من راحتِهِ. كَرِهَ الحوادِثَ الاستثنائيّةَ التي تُبعثِرُ حياتَهُ التي ما عادَتْ قادِرَةً على تحمّلِ مزيدٍ مِنَ الفوضَى.

- اختفتِ الفتاةُ القادمةُ على متن الخطوط الملكية المغربية.

ابتلع ريقه:

- مستحيل.

- مندوسا. راجعنا الكاميرات؛ هرَّبَها.

- اللّعنة.

شعر بوخزٍ في صدْرِهِ. أحبّ مندوسا، ورأى فيه خلفَهُ الأمثل. لا يُمكِنُهُ أن يجهِزَ على مسارِهِ المهني الواعد لأجل فتاة طائشة. جلس على الأريكة، حاول أنْ يتنفّسَ بهدوء. أضاف خوسيه يتظاهَرُ بالحسرة:

- للأسف، لكنّهُ المسؤول الأوّل، ولعلّه المسؤول الوحيد.
- سآتي، لا تتسرّعوا في رفع أيّ تقريرٍ إلى أن ألتحقَ بكم.
- لا بأس، سأخبِرُهُم بذلك.

أقفَلَ الخطّ. جرّبَ الاتّصالَ بمندوسا مِرَارًا، تمنّى صادِقًا أنْ يَرُدّ. سيتحمّلُ المسؤوليّةَ كامِلَةً في طيّ الملفِّ، شرط أن يَعُودَ سريعًا، ويُعيدَ الفتاةَ إلى مكانِهَا.

مندوسا كان الابنَ الذي حرَمَهُ العُقمُ مِنْ إنجابهِ.

8
الهرُوبُ إلى الجَبَلِ

جبال الشّاون

2018 /10 /02

تركتُ خلفي كلّ شيءٍ ورحلتُ. ضاق صدري بعالمي في فاس، وما عادتْ مكناسُ تستهويني. قصدتُ الجبلَ بعد طولِ انتظارٍ. لستُ معنيًا بعواقب الرّحيل. لهم أن يفعلوا ما شاءوا. ستغضَبُ حسناء لِطُولِ الغياب. ككلّ مرّة، تشتكيني لأمّي؛ تُعدِّدُ زلاتي، ثمّ تفكّرُ في العودَةِ إلى بيتِ والدِهَا. سيحتجُّ عميدُ الكلية، ويستشير رئيسَ الجامعة في شأني. وقد يستأنِفُ أحَدُ أقاربي مهمّةَ البحثِ عنّي بين مُدُنِ البلاد. سيلعنني الجميعُ، يكيلون لي، دون شكّ، ويطلقون العنانَ لألسِنَةٍ سليطَةٍ لا تستثني أمرًا. في قرارَةِ أنفسِهِمُ سيحسدونني لأنّني أجنحُ عن القطيعِ، أتخطّى الحدُودَ المرسومَةَ بإحكامٍ، تلك التي لا يستطيعون اجتيازَهَا أبدًا.

- ما زال الطّفلُ يسكنُكَ، يا أمين.

تقولُ أمّي كلّما كَثُرَتِ الأصابعُ الموجّهةُ نحوي. أردّ دائمًا:

- الطّفلُ يكبرُ، يا أمّي، يشيخُ، لكنّهُ لا يموت.

تعانقني كما كانت تفعل قبل عقود. تقبّل رأسي، وتترك وجهي يستكين في حضنها. تداعبُ شعريَ ثمّ تستأنِفُ نصائِحَها:

- إيه يا ابني، الدّنيا صعبة، يلزمها قلوب من حجر.. الدّنيا يا ابني...

أستكين، أنسى العالم، وأتسلّق كلماتها إلى طفولتي. أمّي أعظَمُ الكُنُوزِ.

غامتِ السّماءُ لكنّها لم تشتِ. احتدّ البرد عن الذي كان، وارتفع عصف الرّيح. الأشجارُ التي كانت ثابتة شرعت في الاهتزاز، فتمايلت الظّلالُ التي أوهنها الضّوء الكسيح. واصلت المسيرَ. عبَرتُ بجانب دُورٍ طينيّةٍ وزرائبَ، رأيتُ فلاحين وصبايا يحملونَ دلاء ورعاة في طريق العودة إلى الدُّورِ في السّفُوحِ. استوقفني رَجُلٌ مُسِنٌّ عند بيت مطليّ بالجير. نصحني بالمبيت عنده.

- الجوّ باردٌ باللّيل، يا ولدي، وقد تمطر وأنت في الخلاء.

رأيتُ فيه جدّي. الشّهامة نفسها والطيبةُ التي لا تعترِفُ بحدُودٍ. مِنْ نافذة ضيّقةٍ لمحتُ صَبيّةً تتطلّعُ. لوّحتُ لها فاختفتْ. شعرتُ بالانتشاءِ. أنا في الطّريق الذي أريدُ.

فكّرتُ في الصّبيّةِ التي تطلّعتْ إليّ بشغفٍ. كانت جميلة بعينين فضوليتين. اشتهيتُ خبزَها. لو كان العالم أكثر رحابة في صدُورِ النّاسِ لأمكنها أن تقف أمامي، بدل أن تُطِلّ من النّافذةِ، وأن تعانقني إذا ما طاب لها العناقُ. بدوري لن أتردّد في تقبيلها. شَعْرُها الإيبيريّ البادي عبْرَ ضفيرتيْها يجعلُها أكثرَ إثارة. أنا أحبُّ البدويات. الحبُّ على السّرير ما عاد يفي بالمتعة التي أريد.

- نستضيفك اللّيلةَ، وتتابعُ المسيرَ غدًا.

قبّلتُ رأسَهُ.

- الله يطوّل عمرك، يا حاج.

الجِراءُ التي تقافزَتْ حولي وأنا أتحدّث إليه منحتْ المشهَدَ رُوحًا مَرِحَةً. انتهيتُ لِقِطَعِ القصَبِ والأسلاكِ التي في يده. ابتسَمَ.

- أصنَعُ بها لُعَبًا لحفدتي.

- محظوظون بجَدٍّ طيّب.

ألحّ في طلب بقائي، فسألتُهُ كيف يمكنُهُ أن يستضيف رجلًا غريبًا لا يعرف عنه شيئًا. ربت على كتفي. أشار إلى أسفل:

- هذه الجراء تخبرُ معادِنَ النّاسِ، فكيفَ لا أُفلِحُ أنا؟
- شكرًا، سيّدي، لكنّني سأواصل. ممتنٌّ لِكَرَمِكَ.
- معك الله.

ازدادتِ الأشجارُ تشابُكًا، وتضاعَفَ البرْدُ. توقّفتُ مرارًا لأنظر إلى الخلْفِ. تراجعتِ البُيُوتُ التي مررتُ بجانبها، وغابتْ معها الزّرائبُ. غامتِ السّماءُ أكثر لكنّ الشّمسَ لَمْ تغِبْ بعد. قدّرتُ أنّني سأبلغُ القمّةَ قبل الغروب. انمحتْ معالِمُ المسالِكِ، والتحفَتِ الأرضُ بِغطاءٍ أخضرَ زلقٍ. أعرِفُ أنّني عنيد بما يكفي لأواصِلَ بلا توقّفٍ.

مع مُضِيّ الوقتِ، شعرتُ بألمٍ حادٍّ في كتفيّ. تَأذّتا جرّاء حزامَيّ حقيبة الظّهر. فكرتُ في التّخلّصِ من عُلَبِ الورق الإضافية والكُتُبِ التي قد لا أحتاجُهَا. لم يكن ذلك مُمْكِنًا. كيف لي أنْ أفعَلَ وما جئتُ إلا لأكتُب. تحاملتُ على نفسي، ثمّ تابعتُ سبيلي إلى قِمّةِ الجبَلِ.

«أمين، أنت من سيعيد سيرة الأجداد»، تقول أمّي بتباهٍ دون أن أعرف لِمَ تخصّنِي بالذِّكْرِ وحدي. يغتاظ إخوتي فلا تأبَهُ. أصمتُ؛ كنتُ في حاجة إلى مزيد من الإطراء. تضيف: «لن تُخَيِّبَ رؤيا جدّك عنكَ».

كانت كلماتُها مثار سعادةٍ وزَهْوٍ. أمّي تعزّني أكثَرَ من بقيّة إخوتي. ما كان مُقَامُها يطيبُ في أيّ مكانٍ إذا لم أكن أنا فيه. بعد سنوات، تحوّل الزّهوُ إلى حِملٍ ثقيلٍ؛ إلى عبءٍ. كان عليّ أن أنْبِشَ في ذاكرة الماضي كي أحييه.

تزاحمتِ الأفكار واحتشدَت مع الشّجر الذي ازداد تلاحُمًا. السّماءُ بدورها بدَتْ أكثر احتقانًا وقُرْبًا من الأرض. لمّا رفعتُ وجهي إلى أعلى

أمكنني أن أرى القمّة تغيبُ خلْفَ الغيُومِ. لعلّها تُمطِرُ قريبًا فأغتسِلَ من همومي وهزائمي.

- جدّي، سأكتب، كما تمنّيتَ، سيرة أجدادي، وأحيي، بعد موتٍ، سؤال الرّجوع إلى أرضٍ لا تزالُ تُلِحُّ طلَبًا للوِصَالِ.

9
بيت الجبل

جبال الشّاون

2018 /10 /02

وصلتُ أخيرًا إلى بيت الجبل، تأخّرتُ بضع ساعات عمّا خمّنتُ. العاشِرَةُ إلا دقائق. السّماءُ استأنفت لعبة اعتصارها المحموم. هُنَا يأتي المطرُ بمعنى الحِدَادِ. شعرتُ بالبرد. اللّيلُ يزيدُ من الإحساسِ بالعزلة. أضواءُ قليلة بعيدة تومض، مثل أحلام محاصرة، ما إن تتوهّج حتّى يخطِفَها الظلامُ. ألقيتُ نظرةً سريعةً على البيت مستعينًا بنور الكشّاف. لم يكن بيتًا مهملًا كما توقّعتُ. من السّقف يتدلّى سِلْكٌ يرفَعُ فانوسًا، وعلى الأرض يمتدُّ حصيرٌ نظيفٌ عليه طاولة ثلاثية القوائم. في خزانةٍ حائطيّةٍ صُفّتْ مخدّات وبطّانيات لعابري السّبيل. النّافذَةُ الوحيدةُ مقفلة كي لا يدخُلَ المطرُ. على العتبة إفريز عريض لمن يريد أن يقف وينظر إلى العالم من أعلى.

«هناكَ؛ على عتبة بيت الجبلِ، يقِفُ المعذّبُونَ ليَرَوا عذاباتِهِمُ. على العتبَةِ تنكسِرُ القوَاعِدُ فيصيرُ الواحِدُ اثنين؛ الرّائي والمَرْئِيّ»، قال جدّي في مَعْرِضِ حديثِهِ عن بيت الجبل يصوِّرُ عالَمًا تجتمعُ فيهِ الخرافَةُ والواقِعُ.

بيتُ الجبَلِ، كما شكّلتهُ كلماتُ جدّي، كائنٌ حيٌّ؛ يفرَحُ ويحزَنُ، يكبُرُ ويشيخُ، يُتقِنُ الإصغاءَ كما يبرَعُ في الكلامِ.

- متى أذهب إليه، يا جدّي؟

أسأله. دون أن يطرأ أيّ تغيير على ملامِحِهِ، يصبّ مزيدًا من الشّاي كأنّما يملأ جوفَهُ بمزيد من الكلماتِ. لَمْ يَكُنْ يكذبُ تأكيدًا. كان يقدَحُ الذّاكرةَ لتَأتِي المشاهِدُ في أبهى صُوَرِهَا. يُجيبُ ناظرًا إلى السّقفِ:

- لا، ليس الآن، يا بنيّ، اذهب متى شعرتَ بالامتلاءِ والرّغبةِ والقُدْرَةِ. إذا لم تقصده احتسابًا فلا زيارة لك.

تتناهى إليّ أصواتُ أصدقائِي يلعبون الغمّيضة في الزقاق. أهمُّ بالخرُوجِ لأطلق ساقيَّ للرّيحِ. يمسكني:

- ستجده حينها بيتًا قديمًا قدم الزّمان، كأنّما كان هناك منذ الأزل، بيتًا يعرف بداية الحكاية، شاهدًا على مُجرَيَاتِهَا، مُدْرِكًا لمآلاتِها. يكفي أن تضع كفّكَ عليه فتسمع أصوات من مرّوا عليه. وسط الضّجيج وصخب المهجّرين، يمكنُكَ أن تميّزَ أصواتًا بعينها؛ أصواتُ أجدادِكَ أنتَ، أولئك الذين وفَدُوا يحملون جِراحَهُم وحُلُمًا مستعصيًا بالرّجوعِ. نعم عزيزي، وبقايا هدير السّفينة التي تُواصِلُ إبحارها في المحيطِ.

أسرجتُ القنديلَ فامتدّتِ الذّؤابةُ وسط الزّجاجة، ذاعَ نورُهَا الخابِي مضطرِبًا فارتعدتِ الظّلالُ على الحيطانِ. فككتُ أحزمةَ حقيبةِ الظّهرِ، أخرجتُ ملاءَةً فردتُها على الطّرفِ المُقابِلِ للنّافذَةِ. هدّني التّعَبُ، صارَ جسدي ثقيلًا وتباطأتْ أفكارِي. وضعتُ الأوراقَ على الطّاولة الصّغيرة والأقلام. ما كنت أحلُمُ بأكثر من هذا. تراقصت الشّخصيات أمام عينيّ وماجت مع الظّلال. تداخلتِ الوُجُوهُ بين التي عايشتُها والتي ابتكرتُها، واختلطتِ الأزمنَةُ على اختلافها. في الخارج كان المطرُ ينهمِرُ غزيرًا، والظّلامُ يسقُطُ طبقاتٍ، والرّيحُ تعصف فتلوي أعناق الشّجر.

أرتخي على الوسادة، تلوح خيوط السّرد كمسارب يُغَلّفُهَا تَعَبُ الطّريقِ، في الآفاق ترتسِمُ الحدودُ كَقَدَرٍ نهائيّ لا يقبلُ الاختراقَ. أنزع فردتي الحذاء الرّياضيّ، أرخي ساقيَّ. أشعرُ باللّذّةِ والألَمِ. تمتزِجُ الظّلالُ على الجدرانِ، تذُوبُ التي تُلامِسُ النّافذَةَ؛ يمتصُّها ظلامُ اللّيلِ. في النَّفْسِ تَرقُصُ ظلالٌ أخرى؛ ظِلالٌ لا معالِمَ لَهَا.

«أيّ حدودٍ تفصلُ بين العالميْنِ، يا أمين؟ أينَ تنتهي سيرتُكَ؟ وأينَ ينطلِقُ النّصُّ؟»، تساءلتُ. أكرَهُ الحدُودَ. حاربتُها منذ كنتُ صغيرًا. رفضتُ جوازاتِ السّفر في مراهقتي. كبرتُ فصارَ الرّفضُ عقيدة والأسوارُ إلى عدوّ.

حلمتْ غيتة برواية بلا حدُودٍ، مثلي، مثلما حَلَمَتْ بِبُيُوتٍ بلا جُدرَانٍ وخرائطَ بلا حرسٍ. أرادَتْ روايَةً تكُون هي أحد أبطالِهَا. ماتَتْ قبْلَ أن تشاركني ولادة النّص، وتحقُّق الأفكار التي تقاسمناها معًا.

متعبٌ، أمُدُّ يدي إلى القَلَمِ فترتدّ. أتثاءبُ. على الطّاولَةِ تتناطَحُ الوُجُوهُ. أرتخي. أُغمضُ، أغفُو. من بعيدٍ يتناهى صوتُ السّفينة تمخر عباب مياه المُحيطِ.

10

حياة؛ بنتُ الجبَلِ

بيتُ الجبَلِ

2018/10/03

وبناتُ الجبل على خلاف بناتِ المُدُنِ.

أطلّ صباحُ الجَبَلِ مُتْرَعًا بالأبديّةِ. صباحٌ قديمٌ، كأزلٍ، أبقى من الشّمس ومُتَعَالٍ عن قوانين الدّوران. في السّماء كانت الطّيور التي تغمُرُ الفضاءَ بتغريدِها قادرة على التّسلُّلِ إلى أحلام المتأخّرِينَ. التّغاريد نفسُها التي ألهَبتْ على مدى الدّهرِ أحلامَ البُسطاءِ ببُيُوتٍ شاسِعَةٍ على سُفُوحِ الجِبَالِ، وبساتينَ على أطراف الأودية، وسِلالٍ ملآنة بالزّيتون والتّينِ، وحُقُولٍ تفيضُ ذرةً وقَمْحًا. تقلّبتُ في دفء الصّباح وقد غمرني دَفْقُ الرّيحِ. في الذّاكرة ومضت أفكارٌ كثيرةٌ، مثل أمانٍ بعيدةٍ تَرُومُ التّحقّق.

- صباح الخير.

كان صوتًا مُفْعَمًا بالحياةِ. جثتْ الصّبيّةُ على رُكبَتَيْها، بدا بياضُها ثلجيًّا تحت نورِ الصّباحِ. وضعتْ ما تحمِلُ على الطّاولة، أزالتِ الشّاشية فانكشف شعرٌ أصفرُ صافٍ. شممتُ من جديد رائِحَةَ أسلافي؛ عينان زرقاوان، بشرة من عاج، وذلك الخليطُ المتجانس لأكثر من سلالة وأكثر من وطنٍ وهويّة.

سحبتْ عنّي الغطاءَ كأنّما تعرِفُني منذ زمنٍ. طوَتِ البَطّانيةَ بحركاتٍ سريعةٍ متقنةٍ، ثمّ أعادتها إلى المكان الذي كانت فيه. تذكّرتُ زوجتي. حسناء

مثل آلة مبرمجة تعمل باستمرارٍ لتُعيدَ كلّ شيءٍ إلى ما كان عليه. أنا فشلُها الوحيدُ. لم تفلح في وضعي في فَلَكِها.

- تأخّرتَ، انهض، ابدأ يومك. نُقْبِلُ على الحياةِ، لا تُقبِلُ علينا.
- وها قد جاءت إليّ دون أن أذهب إليها.
- كُلْ من خبز الذرة، واشرب من اللّبنِ الذي حلبته بيدي. مرحبًا بك.
- شكرًا يا...
- حياة؛ حياة بنت الجبل.

انتصبتْ، أعادَت شاشية القشّ إلى رأسِهَا، استدارَتْ لتُولّيَ. «الوقتُ أبكَرُ لتُغَادِرِي، يا شقراء الجبل»، فكّرتُ. كانت مثيرة أينما تطلعتَ إليها، يتدلّى شعرُها الأشقَرُ في ضفيرَةٍ واحدَةٍ خلْفَ ظهرِهَا، ثمّ يُواصِلُ بين ردفين مقدودين. كان طويلًا مجدولًا بأناةٍ وإتقانٍ. سارت متمهّلةً نحو الباب. على امتداد ثوبِهَا الطّويل ظهَرَتْ رسومٌ متقنةٌ لحقلِ ذرةٍ فسيحٍ وطواحين هواء مبنيّة من الحجارة.

- لحظة..

بدا عالمًا جديرًا بالاهتمام. رأيتُ على ثوبِهَا العصافيرَ في أسرَابٍ تُوغِلُ في جوفِ السّمواتِ، وَوُجُوهَ بدويين تُظلّلها شاشيات القشّ، وشعابًا تتراكضُ مثل جراءٍ. «كيف لامرأة واحدة أن تحمل عالمًا كاملًا وتمضي؟». لم أكن الوحيد الذي يفتحُ كراسته لأحلام النّاس وللحكاياتِ التي تجد مأوى يليق بها. سمعتُ أصواتَ رجال كثرٍ مِمّن أغواهُم عالمها، فترجّلوا من دنيا إلى أخرى. سُبُلٌ كثيرةٌ تتفرّعُ وتلتفّ، وأراضٍ كثيرةٌ ترتفع وتنخفض. تطّلعتُ مليًّا، رأيتُ أخيرًا جِسرًا منْ ألواحِ الخشَبِ تلُفُّهُ نباتات الدّفلى بألوان زاهية، واديًا يفيض بالخضرة والنّخيل، وبيتًا نائمًا تَحُفُّهُ أشجارُ الأرْزِ والبلّوطِ. كان سبيلًا ممكن الارتياد.

استدارتْ نحوي. بخبرة السّابرات لخبايا الرّجال:

- نعم، سيّدي.

لمحتُ بيتَ الجَبَلِ مفتُوحًا في صباحٍ خريفيّ بطَعْمِ الرّبيع، وصبيّة تقِفُ بِشُمُوخٍ. كُلّ القواعِدُ الكلاسيكيَة التي تقف بين عالم وآخر لا تعنيني. رفعتُ صوتي متطلعًا إلى مزيد:

- آنستي.

وضعتْ أُصبُعَهَا على شفتيْهَا فاحترقتْ داخلي أشياءٌ كثيرَةٌ:

-أسْ، لا تقل شيئًا. لا أحتاج للكلمات كي أقرأ صدور الرّجال.

انحنتْ بمقدار، أمسكتْ بطرفيّ جلبابِهَا الطّويلِ، ثمّ رفعتهُ دُفعَةً واحدةً. طوَتْ عالَمًا كاملًا ليتجلّى من تحتِهِ عالَمٌ أعظَمُ.

مثل طوفانٍ اجتاحتني ورحلتْ.

لم أبرح البيتَ.

مرّ النّهار سريعًا، انطفأتِ الشّمسُ واشتعلتِ الفوانيسُ بين أغصان الشّجر أشبهَ بِنُجُومٍ تلتمِعُ في ظُلماتِ البرّ. انتظرتُ عودَتَها طويلًا. الكتب تملأُ الفراغات دائمًا. الأوراق البيضاء وأقلام المداد والرصاص تزين الطاولة. لم أكن في حاجة لغير امرأة تحتويني من جديد. عذرًا يا حسناء؛ امرأة واحدة لا تكفيني. قرأتُ فصولًا من رواية «شوق الدرويش» لحمور زيادة. أمتعني الحب المجنون وحياة بخيت منديل في حياة «مهدي الله». اكتفيتُ وقد انتصف الليل. في الخارج كانت الرّيحُ تُجفّفُ بقايا مطرٍ جاءَ سريعًا ورحلَ سريعًا. من بعيد، كما الليلة الفائتة، انبعث عواء الكلاب يؤكّدُ أنّ حياةً متحرّكةً تختبئ تحت الهدوء الخادع واللّيل البهيم.

جلستُ على صخرة. الجبل كسفينة تبحر في الظلمات.

وكان لي الوقتُ الكافي لأستعيدَ ماضيّ البعيد. استحضرتُ الطّفلَ الصّغيرَ الذي كان ينظر إلى زوايا الغرفة كأنّما ينظُرُ إلى أبعاد كونية، ويعيشُ ألوانَ مخدَّتِهِ كأنّها العالَمُ كُلُّهُ. لا تزالُ تفاصيلُ بيتنا في الشّاون تسكنني؛ الغرف الواسعة، الأثاث اليدويّ الصّنع، والسّماءُ التي تزيّنُ بهونا كلّ ليلٍ. كلّ ليلٍ تمتصُّ ذاكرتِي سماء تتعقّبُنِي إلى أحلامِي.

عشقتُ كذلك لوحَةَ الطّفلِ الذي يبكي فوق مدخَلِ غرفَةِ والدي، برأسِهِ المحنيّ وعينيْهِ الواسعتَيْنِ ومعطفه الجلديّ الأحمر. كان الطفل جزءًا من العائلة، يُجَسِّدُ أحزانَهَا الخامِدَةَ.

تكوّم مزيدٌ من الظّلامِ، وامتلأت جنبات الجبال بمزيد من السّوادِ، انطفأت فوانيسُ وأُنِيرَتْ أُخرَى، وصارَ للأرضِ أكثرُ مِنْ وَجْهٍ. انتصَفَ اللّيلُ، خبَت آخِرُ الأضواءِ، فقرّرتُ أن أعودَ إلى الفراشِ.

- أهلًا يا أمين.

باغتني صوتُها. كانتْ في الغرفَةِ تنتظِرُ. لم أسألها كيف مرّتْ دون أن أراها. اقتربتُ منها، فظهرتْ الشّعابُ وطواحينُ الهواءِ والوُجُوهُ التي تُظلِّلُها شاشياتُ القشّ، ثمّ لاحَ لي السّبيلُ أكثَرَ إغواء، رأيتُ الجسر الخشبيّ ونباتات الدّفلى، والوادي الخصيب بأشجار النّخيل، لامستُ صمتًا استثنائيًّا، ثمّ امتلأتِ السّماءُ بالعصافيرِ فوْقَ غابة كثيفة مِنَ الأرزِ والبلُّوطِ، سمعتُ الأرضَ تتكلّمُ والسّماءَ تُنَاجِي، ورأيتُ البيتَ النائِمَ في المُنْبَسَطِ.

- كلا، آنستي، هذِهِ ليستْ مُجرّدَ رُسُوماتٍ على قطعَةِ ثوبٍ.

11
حياة
حكايَةٌ مِنَ المَاضِي

بيت الجبل

2018 /10 /03

انتهى بعضُنا من بعضٍ، فتمدّدتْ إلى جانبي في كامل عُرْيِهَا. صبيّةٌ يافعةٌ لكنّها تحمِلُ جُوعًا قديمًا لامرأةٍ عمّرتْ طويلًا. مِنَ النّافذة دخلتْ رياحُ البوادي، بَدَلَ البردِ نفثَتِ اللّذّةَ في جسديْنَا. شعرتُ بالأُلفَةِ إلى المكانِ، وإليها. طابَعُ البداوَةِ يَشدُّنِي.

- ماذا إذا باغتنا أهْلُكِ؟
- مات أهلي منذ زمن.
- تتحدّثينَ كعجُوزٍ بلغتِ المائة ويزيد.
- مائة سنة ليست بكثير، يا أمين.

تراجعَتْ ذؤابَةُ الفانوسِ وقد أوشكَ الغازُ على النّفادِ من الخزّان، وخفتَتِ الظّلالُ الواهنةُ أكثرَ، صارت مثل ذكريات بعيدة أكَلَهَا النّسيانُ والإهمالُ. ارتخيتُ. رائِحَةُ الغازِ أحدّ، تشتدّ كلّما تضاءَلَ الضّوءُ. مع العتماتِ التي تتضاعَفُ ينشأ مُتّسَعٌ لعوالِمَ أرحب. غمغمتُ:

- صدقتِ يا حياة، ليست بكثير.

أمسكتْ ضفيرتها، نفضتْ عنها العوالقَ برفق، ثمّ شرعت في فكّ عُقَدِهَا

بأناةٍ، واحدة فواحدة. غطّى شعرُها مكمنها واتّسعَ ليُورِي بطنَها. كان مثل ثوب من حريرٍ يأخُذُ في الاتّساعِ. أردفتْ:

- لَمْ أفردْ شَعرِي منذُ زمَنٍ.

ضحكتُ.

- تُبالِغين.

لَمْ تُبادلني الضّحكَ. استمرّت في فكِّ جدائِلِهَا، فغابَ صدرُها تحت شعرها. تناهتْ إليّ أنفاسُها عميقةً مُتقطّعَةً. أعرفُ أنّها تفكّر في شيءٍ مضى، تُلاحِقُ ذكرى بعيدة.

- كم عُمُرُك؟

لَمْ تُجِبْ. ليسَ العُمُرُ عدَدَ الأيّامِ والسّنين، وما كنتُ لأعيدَ طرْحَ السّؤال. انطفأ الفانوسُ، لاذت آخِرُ الظّلالِ بالصّمت، وأطبق السّواد. عبْر النّافذة ظهرتِ النّجُومُ تَتلألأ في الظّلمَاتِ. لكُلّ بيتٍ سماء، ولهذا البيت المنسيّ سماء معتّقة. جاءَ صوتُها مُترَعًا بالماضي:

- أكرَهُ الظّلامَ..

صمتَتْ. بدا أنها فكّتْ كُلَّ ضفائِرِهَا. سألتني:

- جرّبتَ حياةَ المطامير؟

- لا، لَمْ أفعل.

ردّتني إلي بعيدٍ؛ إلى زمنٍ كانَ فيه قادَةُ المخزَنِ يرمُونَ المتمرّدينَ في جَوْفِ الأرضِ، وينسونَهُم سنواتٍ. يموتُ بعضُهم مُتعَفّنًا، ويخرُجُ آخرُونَ عُمْيًا أو مجانينَ. كانتِ المطمورَةُ سِجنًا ومقبرَةً ومخزَنًا للحنطة والمياه والسّلاحِ. ما إن يرفَعُ القائد صوتَهُ متوعّدًا: «قسمًا بالله لندفننّكم أحياء» حتّى تخورَ الهِمَمُ وتنحني الرّؤوسُ، تنتهي المُقَاوَمَةُ بِطَلَبِ الصّفحِ وتقبيلِ اليَدِ.

أغمضتُ عينيّ. رائحَةُ جسَدِها تعبقُ وقد تبدّد غاز الفانوس. مددتُ يدي نحوَها، لامستُ رِيَاحًا تهبّ بين أغصان بلّلها المطرُ، شمسَ الخريفِ تكسِرُهَا طلائِعُ الشِّتَاءِ، وأكثرَ مِنْ زَمَنٍ.

- من تكونين؟

غاب صوتُها فأطبق الصّمتُ. في السّماء توالتْ شُهُبٌ مثل رسائلَ مرموزة. تمرُقُ. مكانَهَا يُورِقُ مزيدُ من الصّمت. من الشّعابِ والسّفُوحِ عوتْ كِلابٌ، وردّتْ عليها أخرى. ارتعشتُ. كنتُ في حاجة إليها.

- حياة، لك طعمُ الرّبيع ومرارةُ الخريف وزمهريرُ الشّتاء، أيّ حكاية تقف خلفك؟

مالت عليّ، قبّلتني.

- ولفحُ الصّيف، يا أمين.
- ولفحُ الصّيف.
- تهمّكَ حكايتي؟
- نعم، تهمّني يا حياة، تهُمُّنِي.

عادتْ لتتمدّدَ، تنفّستْ بعمقٍ. من بعيدٍ؛ من زمنٍ غابرٍ، انبعَثَ صوتُهَا:

«كانوا مرغمين على الرّحيل، حملوا معهم ما استطاعوا، فجرًا كانت العربات جاهزة للانطلاق، لن أنسى الفجر الأخير، بكاءَ إخوتي الصّغار، أمي التي خسرت في ليلة واحدة سنوات من عمرها. رفضتُ الرّكوب، رفعتُ صوتي: (لا أستطيع أن أرحل، سأبقى هنا، ارحلوا دوني). ترجّتني أمّي، أبي كان يفور غضبًا خوفًا على أسرته من أيدي الطّغاة. دخل يحمل وجهًا لم أره به يومًا، أشار إلى أمّي فانصرفت. قال لي للمرّة الأخيرة: (لن أتركك هنا، ستأكلك الكلاب). لم يكن خائفًا عليّ، كنت عرضه الذي لا يجب أن يُنتهَك،

لحمه الذي يخشى عليه أن يتعفّن. (لن أرحل). أمسكني من يدي، ذهب بي إلى المطمورة، لم أقاوم، نزلتُ السّلّم، تلمّستُ طريقي مستعينة بالجدار، ثمّ جلستُ على شوال شعير. سمعتُ أبي يبكي، في لحظة انقطع بكاؤه، لعن أبا عبديل كما كان يفعل والسُّبُلُ تنسدّ في وجهه، مدّدني على الأرض، تلمّس عنقي، ثم جزّه بضربة واحدةٍ».

12

دَمٌ واحِدٌ ومَصِيرٌ مُختَلِفٌ

2018 /10 /03

طليطلة

انزلقتِ السّيارة على الجِسْرِ، في هدوء اللّيلِ، فوقَ مياهِ نهرِ تاجة الآتي من «أراغون»، ثمّ سارت بانسيابٍ عبْرَ شوارِعِ طُلَيْطِلَة وحاراتِهَا.

مدينَةُ الماضي؛ القوط والرّومان والعربِ والمسلمينَ واليهودِ والمسيحِ.. مدينةٌ بكُلِّ الألوانِ ولا لونَ محدّد.

- إنها توليدو؛ عاصمة قشتالة.

قال لها.

- عاصمة الحرب والسّلم، البسطاء والملوك.

ردّتْ.

ساعةٌ واحِدةٌ كانتْ كافيةً لدُخُولِ توليدو. بدا واضِحًا أنّ نهر تاجة حصّن الماضي، وحمى ذاكرة المدينة من الانفراطِ؛ أبوابُ الخشبِ البديعَةُ، والمِعْمَارُ القرسطويّ، والطّابَعُ المتعدّدُ لكلّ ثقافاتِ العالَمِ. مرّا إلى جانب الكنائس والمساجد والأديرة، والمباني العالية بشرفاتها العريضة والبيوت البسيطة بنوافذها الصّغيرة. لفّ مندوسا عبْرَ طُرُقٍ عدة، وعرَّجَ على شوارعَ مختلفة في طريقهِ إلى البيت الذي ورثه عن أمّه «إيريني سيباطا»، لا لأنه

يحمِلُ فتاة لَمْ يسبِقْ لها أن زارتِ المدينةَ؛ كانت تلك عادته كلّما دخل مدينة مَوْلِدِهِ ليلًا. توليدو تظهَرُ أكثرَ إغواء وجاذبيةً وهي مدثرة بسكون اللّيلِ. لم يقصِدْ شقّتَهُ في مدريد. بيتُ العائِلَةِ القديمُ يليقُ للاختفاءِ المؤقّتِ عن أنظار الشُّرطَةِ. ركن السيارة في مرأب تَحُفُّهُ أشجارُ الصّفصافِ ثمّ ترجّل. رياحُ توليدو صافيةٌ، تُنعِشُهَا مياهُ النّهرِ ويزكّيها الماضي فتنعِش الرّوحَ. وضعَتْ ريم قدَمَهَا على الأرضِ فتسلّلَ إلى قلبهَا الدّفءُ. تابَعَهَا وهي تنحني لتقبّلَ التُّرابَ. وضعتْ جَبْهَتها على الأرض فانمحَتْ قرونٌ كثيرَةٌ. ما عادَ في قلبِهَا مكانٌ للتّهجيرِ، ولا لحكاياتِ الأسلاف. من هنا رحلت ذات زمن وإليه تعود. «لن أندم على ما فعلتُ»، قالَ مندوسا في نفسِهِ. ساعدها لتقِفَ. فتح البابَ الخارجيَّ للبيتِ، وصارَ على ممرٍّ مرصوفٍ بالحِجَارَةِ الصّقيلَةِ وَسَطَ حدِيقَةٍ تفيضُ بأزهار التُّولِيب المفعمَةِ بالألوانِ.

- أنتِ في بيتكِ، وفي وطنكِ.
- أشكركَ. ممتنة، يا مندوسا.

فتح باب البيت، أنار الفوانيسَ فظهرتْ صالَةٌ أنيقَةٌ مفروشةٌ بعنايَةٍ وذوقٍ. أثارَها لونُ الأرائِكِ النّبيذي الذي ينتهي عند الأطراف بشريطٍ مذهّبٍ لامعٍ. أغلقَ البابَ. ترك المفاتيحَ فوقَ طاولَةِ جُوخٍ إلى يمينِ المدخلِ، وسار يتقدّمُهَا.

- لن يصلوا إلينا هنا سريعًا. لا أحد يعلم بـأمر شقّتي في توليدو.
- ورّطتُكَ.
- كلا، بل قدّمتِ لي فرصةً بحثتُ عنها طويلًا.

تسلّقا سُلَّمًا دائريًّا إلى الطّابقِ العلويِّ. يُشبهُ هذا البيتُ بناياتِ فاس كثيرًا. الأيدي نَفْسُها والحسُّ نفسُه. لا تشكُّ في ذلك. إنّها في أرضها وعلى موطنِهَا.

دخلا غرفة واسعة، فتح النّافذة فظهرتْ بناياتُ الحيّ تنحدِرُ مع الشّارِع. لا زالَ اللّيلُ يربض فوق المدينة، لكنّ الفوانيسَ التي تَسِيلُ كمياهٍ جاريَة تمنحُهُ الدّفءَ. لن تُمانِعَ ريم في العيش هنا إلى الأبد. حَلمتْ للمرَّةِ الأولى بأطفالٍ تنجبُهُم؛ رأتهم يلعبونَ في حديقة التّوليب. ستختارُ لهم أسماء إيبيرية خالصة، تُشبِهُ توليدو، تنتمي لِكُلِّ شيءٍ ولا إلى شيءٍ بعينِهِ.

- كأنّني عِشْتُ هنا. أيمكِنُ لذاكرةِ الأجدادِ أن تتسرّبَ إلى الأحفادِ، يا مندوسا؟ ورائحةُ الرّيحان التي اعتدت عليها، وخفقانُ الرّيح، وارتعاشُ أغصان أشجارِ الزّيتُونِ.. هذه الأرضُ تعرِفُني، تحفظ ذكراي؛ تَحِنُّ إليَّ كما أَحِنُّ إليها.

عَلَّقَ مندوسا قبّعتَهُ المهنية في مشجب نحاسيّ على شكل شجرة توت. كانت الأغصانُ الأخرى خاويَةً، تحتفي بالخريف على طريقتها. فتح خزانةً بُنية صقيلة. بلا شكّ كان هناك من يعتني بالبيتِ في أثناء غيابه عنه. يزوره على فترات متباعدة، قد تطول لشهور وقد تقصر، يأتي به الحنينُ إلى والديه ويبعده الإحساسُ بالوحدة. فكّر في أنّ هذه الفتاة تصلح لتملأ هذا البيت بكلّ المعاني الجميلة.

- تعالي، اقتربي.

في الشّارع انحدر رجلان مخموران. كان أحدُهُمَا يُغَنِّي، والآخرُ بالَغَ في السّكْرِ، اكتفى بوضع القدم الثانية أمام الأولى بحرصٍ حتّى لا يخونُهُ التّوازُنُ ويسقُط. تركتِ النّافذَةَ. لأشجَارِ الصّفصافِ ليلًا هيئة رجالٍ مكلومينَ. وهي تقِفُ إلى جانبه تفاجأتْ بعشراتِ المخطوطاتِ العربيّةِ القديمَةِ. رأتْ مثلها في خزانة جامع القرويين في فاس، لكنّهم منعوها من لمسها. قال لها القيّمُ إنّ اللّمسَ والتّصويرَ ممنوعانِ.

فاجأها:

- هذِهِ المخطوطات من إرث العائلة، امتنعنا عن تسليمها إلى متحف «برادو» في مدريد. عددناها ملكًا خاصًّا.

ابتسَمَ في وجهِهَا:

- كُنّا أنانيينَ بالفعلِ. إنّها إرثٌ مشتركٌ.

عانقها. مِنَ النّافذَةِ نَظَرَا إلى سماءِ توليدو التي بدتْ، رغم اللّيلِ وقسوَةِ الخريفِ، رائقة. قال ينظر إلى بعيد:

- دمٌ واحدٌ ومصيرٌ مختلفٌ.

13
مِياهٌ راكِدَة

جبال الشّاون

2018 /10 /15

تأتي حياة وتغيبُ، في حضُورِهَا أعيشُ ذكورتِي، وأستمتِعُ بحكاياتِ أنثى تعشَقُ الحكي، وتتقِنُ فُنُونَ الحبِّ. تُمتِعني ثمّ ترحَلُ. أكتُبُ ما استطعتُ، أحرّرُ فُصُولًا قصيرَةً من روايتي «في كراهية الحدود». لمّا أشعر بالاكتفاء أنزِلُ، أخُوضُ في السُّفوحِ والبساتينِ، ولا أعودُ إلا إذا انتصفَ اللّيلُ، لأجدَها في الانتظارِ، تجلِسُ في المكانِ نفسِه، بالثّوبِ نفسِه، وعلى الطّاولة تضعُ الطّعامَ نفسَه؛ خبز الذّرة واللّبن. بعد اللّيلةِ الثّالثَةِ توالتِ الأيّام أسرعَ. أخذتُ أحفظُ المسالِكَ وأماكِنَ البيوتِ ومعالِمَ الجبالِ، أمكنني أنْ أُطلِقَ أسماء على أماكِنَ محدّدة، الجبلُ الشّرقيُّ من حيثُ تُشرِقُ الشّمسُ، والجبلُ الغربيُّ من حيثُ تَغربُ، سَفْحُ البساتينِ حيثُ لا يزالُ البدويُّونَ يزرَعُونَ الأرضَ، والشّعابُ الخَرِبَةُ حيثُ الدّورُ التي هجرَها أهلُهَا لأسباب أجهَلُهَا. رأيتُ بُيُوتًا تهدّمتْ أسقُفُها، وأخرى بلا نوافذ ولا أبواب. وجدتُ مُتعَةً استثنائية في نبشِ ذاكرَةِ الأمكنَةِ. أَلِجُ إلى الغُرَفِ، أتأمّلُ بقايَا الأدواتِ والأغطيةِ، ومعالِمَ حياةٍ توقّفتْ.. وأعودُ محمّلًا بآلافِ الأفكارِ. يسقُطُ بعضُهَا في الطّريقِ، ويُفلِحُ آخَرُ في التّحوّلِ إلى حِبْرٍ.

فكَّرتُ في إحدى الخَرجَاتِ، وأنا أدخلُ بيتًا مهجورًا من طابقيْنِ، في الاستقرارِ نهائيًا في الجبَلِ. كان البيتُ محاطًا بسياجٍ من الألواحِ، ويتوفّرُ

على زريبَةٍ واسعَةٍ وإسطبلٍ من عدّةِ أجنِحَةٍ. في إحدى شُرفاتِ البيتِ وجدتُ كرسيًّا سليمًا وطاولةً من الخشبِ. كان واضحًا أنّ صاحِبَ البيتِ قد عَشِقَ مشهدَ الغاباتِ التي تتسلّقُ الجبالَ. جرّبتُ الجلوسَ، ارتشفتُ القهوةَ من التّرْمُس الصّغير الذي أحْمِلُهُ معي، فلاحتْ لي القُطعَانُ تنسابُ من الزّرِيبَةِ تقصدُ الشّعابَ، ورجلٌ مزهوٌّ يمتطي فرسًا بِوجْهٍ يَحجبُهُ ظِلُّ شاشية التّبنِ.

خمّنتُ أنّ هذا العالَمَ يتسرّبُ خفيةً إلى عالَمٍ آخرَ. فيما يسكنُ الصّمتُ والفراغُ هُنَا، تتفتقُ قطعَةُ الثّوبِ وتفيضُ بالحياةِ.

لا زالتْ هذِهِ الأرضُ تصُونُ ذاكِرَةَ أصحابِهَا. قضيتُ ساعاتٍ. كان لي أن أحلم بي راعِيًا يهشُّ على الغنَمِ بِعَصَاه، ويعودُ منهكًا في المساءِ، متغنيًا بقطيع يملأ صَمْتَ الشّعَاب صَخَبًا، لِيَجِدَ زوجتَهُ في الانتظارِ على شُرفَةٍ تُطِلُّ على غاباتِ الأرزِ والبلّوطِ والصّنوبَرِ.

كان مِنَ المحتمل للعبة السّردِ هذِهِ أن تنتهي على هذا الحالِ، فأجنحَ لرغبتِي وأتخلّى عن كلّ شيءٍ لقاءَ بعْثِ حياةٍ توقّفتْ؛ سأركبُ الفرَسَ وأتبعُ خِرَافِي التي لن أذبَحَهَا أبدًا في المراعي، لن أعتمد كلابَ حراسَةٍ، وأُرَبِّي بدلًا منها كثيرًا مِنَ القِطَطِ. إسطبلات مفتوحة، بلا أبواب ولا سياجات. للخراف أن تبقى في المراعي أو تعودَ. للطّيُورِ أن تبيتَ في الأقفاص أو تقصِدَ الغاباتِ. وفي كلّ مساءٍ، والشّمسُ تنزلِقُ بين الجبالِ، أرتشِفُ الشّايَ في شُرفَةِ البيتِ. في السّطرِ الأخيرِ أهمسُ في أُذُنِ حبيبتي: «لك أن تبقَيْ معي أو تتركيني وترحلي لغيري». تخلّصٌ كهذا يُرضينِي، يُشبعُ داخلي رغبَةَ الانتقامِ، لكنَّ السّياقاتِ تمضي أبعَدَ أبدًا، تفِرُّ من بين أيدينا، تتنكّرُ لكُلِّ التّوقّعاتِ والرّغباتِ، لتُبدِعَ نِهَايَاتٍ على مقاسِهَا وحدَهَا.

في آخر خرجاتي إلى السّفوح رصدتُ بيتًا آخَرَ في منبسطٍ فسيحٍ يتوسّط جبليْن. من بعيدٍ بدا بيتًا ساكِنًا وديعًا، تُحيطُهُ حقُولُ الذّرَةِ مِنْ كُلّ الجهاتِ. استعنتُ بمنظاري الصّغير. رأيتُ نوافِذَ مواربةً وخزّانَ مياهٍ على حاملٍ مِنْ خشَبٍ. كان مكانًا مثاليًا لكاتبٍ مشاغِبٍ لا يستقرّ على حالٍ. أعدتُ المنظارَ إلى الحقيبَةِ. في مخيّلتي ومضتْ أفكارٌ كثيرةٌ عن روايات يخرجُ أبطالُهَا من هذا البيت ويدخلُونَ أوراقي. أحلمُ دائِمًا بالعيشِ رُفقَةَ مَنْ أُحِبُّ؛ مع شخصياتٍ أقاسِمُها المكانَ والطّعامَ والمصيرَ.

علّمني السّردُ، على مدى سنواتٍ طويلةٍ، أنّ البيوتَ تصلح لتكون معابِرَ لولادة عوالِمَ جديدة. هذا العالَمُ الرّازِحُ فوق صدورنا لا بُدَّ له أن يتزحزَحَ لتخرجَ منهُ عوالمُ جديدة تَعِدُ بحياةٍ أكثرَ اتّساعًا ورحابَةً وإنسانيةً.

غيتة؛ حبيبتي، حلمنا معًا بزوالِ العالَمِ القديمِ، هل يكون ذلك مُمْكِنًا من مكانٍ هامشيّ منسيٍّ كهذا؟ لعلَّ الهامِشَ، عزيزتي، أكثر الأمكنةِ ملاءمةً لولادَاتٍ متجدّدةٍ.

نظرتُ إلى مِعْصَمِي. «لديَّ الوقتُ الكافي لأبلغَ البيتَ، وأعود إلى مأوايَ في الجبل»، خمّنتُ. أخذتُ جرعاتٍ مِنْ مزودة الماء ثمّ استأنفتُ النُّزولَ. كانَ الجَوُّ لطيفًا، وما كان مِنْ شَيءٍ لِيُنغِّصَ عليَّ مُتعَةَ الاكتشافِ. لمحتُ سناجِبَ تمرُقُ كظلالٍ، وأرانب برية تدخلُ جحورًا، وقُطْعَانًا صغيرَةً من الخنازير ترعى وقد منحها التّحريمُ الأمانَ. على امتدَادِ البصَرِ كانتِ الجبالُ تندفِعُ عاليًا تَكْسُوهَا الأشجارُ بِلَوْنٍ أخضرَ زاهٍ.

«غيتة»، صرختُ عاليًا. ردّتِ الجبالُ بالصّدَى. حلَّقتْ طيُورٌ فزعًا، رحلَتْ إلى بعيد. في أذنِي تردّدَ وَقْعُ خفقَانِ أجنحتِهَا طويلًا. كانت غيتة روحًا تُحلِّقُ مثلَ فراشةٍ إلى جانبي. غيتة توجَدُ داخِلِي، جزءٌ من ذاكرتي وتاريخي.

- غيتة، أنا بقيّةٌ منكِ.

بعد ساعتيْنِ كاملتيْنِ بلغتُ المُنبَسَطَ. بدتِ الجِبَالُ أكثرَ عُلُوًّا وضخامَةً. عبَرتُ قنطرةً من الألواح تربِطُ بين ضفتيّ وادٍ تكاثرت فيه نباتات الدّفلى فأعطته منظرًا بهيًّا. كانتِ القنطرَةُ، رغم طُولِهَا، واطِئَةً، يمكن للماشي أن يمدَّ يدهُ ويُلامِسَ الزّهورَ والأغصانَ الخضراء التي مالَ بعضُها على الألواح والتفّ. مِنْ بطنِ الوادي ارتفعتْ أشجارُ نخيلٍ عالية فمنحتِ المكانَ مهابَةً. «أيّ حظ أن يسكُنَ المرءُ هُنَا»، فكّرتُ. على الضفة الأخرى تكاثفتْ أشجارُ الأرزِ الأطلسيّ وبلّوطِ الزّان والبلّوطِ الأخضرِ. رفعتُ وجهي؛ سماءٌ بلا عصافير، وحدَها سحبٌ متحرّرَةٌ تمضي بهدوءٍ نحو الصّحراءِ الكبرى. غنّيتُ مِنْ جَدِيدٍ أغنيةَ شموع الرّيف التي ردّدتُها مع غيتة في الطّريقِ من أصيلة إلى فاس. كانَ للكلماتِ وَقْعُ السِّحرِ. غنّيتُ بصوتٍ مُرتَفِعٍ أنظُرُ إلى الجِبَالِ:

«يا جبال الريف، علاش تكذبي وتباني فرحانة،
اللي خلقك قادر يبني
فجنابك حقول ووديان،
جبال الريف، أنا شفتك تبكي ودموعك ذايقة المرارة،
تكتمي همك ولا تشكي،
من لونك بان البرهان،
يا جبال الريف، علاش تكذبي وتباني فرحانة..».

خلّفتُ الجِسرَ ورائي، تراجعتْ نباتاتُ الدّفلى ورائِحَةُ الوادي الرّطبةُ، وانكسَرَ الصّمتُ. اندفعتُ تحت شجر الأرز. كانت الأشجارُ ضخمَةً عاليةً. شربتُ من مزودَةِ الماءِ، تناولتُ حبّاتٍ من قِطَعِ الشّوكولاتَةِ السّوداء ثمّ

واصلتُ. عادتِ الأشجارُ لتتكاثف، تشابكتِ الأغصانُ بتشكيلاتٍ نباتيةٍ أكثرَ اخضرارًا، وامتدّتِ الظّلالُ.

«أنتَ بعيدٌ عن كُلّ النّاسِ الذين عرفتَ، عن مدينَةِ فاس بدروبها المسقوفَةِ وأزقّتِهَا المرصوفَةِ، وعن جَبَلِ زلاغ بغطرسَتِهِ واستعلائِهِ على البُسَطَاءِ. بعيدٌ عن الجميعِ؛ قريبٌ من نفسِكَ. كلّمَا اقترَبْتَ من نفسِكَ أكثر رأيتَ العالَمَ بوُضُوحٍ وصفَاءٍ. بلا شكّ تتذكّرُ كلماتِ غيتة التي تشرَحُ لكَ كما تفعل معلّمَةٌ مع تلميذٍ متقاعِسٍ، فتقولُ: ذلك لأنّ العالَمَ يسكُنُ داخلَنَا، عزيزي. لا وُجُودَ لشيءٍ في الخارِجِ على الإطلاقِ. أبعَدُ نقطَةٍ في الكونِ تُوجَدُ في صدرِكَ، لامِسْهَا لتبلغَ النّهاياتِ».

اندفعتُ بين الشّجَرِ. أغصانُ النّباتِ اللّيّنة المُشبَعَة ماء تَنكَسِرُ فور ملامستِهَا. فكّرتُ أنّ رطوبةَ الظّلالِ الغامقةِ تمنعُهَا من أن تجفّ وتتصلّبَ. صادفتُ كوخًا صغيرًا مَبنيًّا مِنَ القشّ. عندما دخلتُ يدفَعُنِي فُضُولُ الاستكشافِ نعقتْ غِربانٌ وطارتْ عبر شُروخِ السّقفِ. كوخٌ مهجورٌ لكنّهُ يبعَثُ على الارتياحِ. ما كنتُ لأمانِعَ في المكُوثِ بعض الوقتِ. فكّرتُ في التّرْمُسِ الصّغير. فنجانُ قهوَةٍ في هذا المكان يؤرّخُ للحظَةٍ باذخةٍ استثنائيةٍ. سحبتُ حقيبةَ الظّهرِ لأُخرِجَ التّرْمُسَ، ففاجأني صوتٌ بارِدٌ عَمِيقٌ:

- أمين.

التفتُّ نحوَ البابِ؛ ككلّ مرّة لَمْ أجِدْ أحدًا. تكدّرَ مزاجي سريعًا فهممتُ بالخُرُوجِ. استوقفتْنِي دُمَى تتأرجحُ، معلّقةً على جانبي المدخل، كرقّاصِ بندول. على الأرضِ كانت كثِيرٌ مِنَ العرَائِسِ تختَلِطُ بأوراقِ الشّجرِ الذّابلةِ. التقطتُ بعضها. أثارتني الوُجُوهُ المصنوعَةُ من الشّرائِطِ. كانتْ علاماتُ الاندهاشِ والرّهبَةِ أكبر ممّا يحتمِلُ عالَمُ الأطفالِ. تركتُهَا وخرجتُ. رأيتُ

الطّيُورَ التي روّعتُها تتابعني من فوق الأغصانِ. قرّرتُ أن أبتعِد لكن الصّوتَ عاد أقوى. كان صَوْتًا أنثويًّا واضِحًا، وكنتُ على بيِّنَةٍ من صاحِبَتِهِ.

- سندس، هذه أنتِ؟

سادَ صمتٌ جارِحٌ ثمّ ارتفَعَ زعيقُ الطُّيُورِ وتدفّقَتِ الرّيحُ تُحرِّكُ مياهًا ركَدَتْ قبْلَ سنين بعيدَةٍ. «لعلّهُ المكانُ الأنسَبُ لتسويةِ الحسَابِ». تكلّمتُ:

- سندس، أنا لَمْ أخنْكِ، كنتُ صغيرًا جدًّا لأنزلَ إلى جَوْفِ المغارَةِ، أجبَنَ من الاعترافِ أنّني دخلتُ إليها معَكِ.. اعذريني. تعذّبْتُ بما يكفي، تألّمتُ بما يكفي.

جلستُ على جِذْعِ شجرَةٍ بلُّوطٍ، سحبتُ الحقيبة، ضممتُها إلى صدري. على الأغصان حطّتْ طُيُورٌ أخرى، مِثْلَ أرواحٍ؛ بلا صوتٍ، أقربَ إلى الأثيرِ. تابعتُ:

- بعد عقدَيْنِ مِنْ موتِك عدتُ إلى المغارَةِ لأُكفّرَ عن ذنبي، نزلتُ التّجويفَ. كان أعمَقَ ممّا تخيلتُ، مع كُلِّ خُطْوَةٍ إلى أسفل يحتدُّ البرد ويتكاثفُ الظّلامُ. تعذّرَ عليّ أنْ أُواصِلَ فاستعنتُ بالحِبالِ، تابعتُ في جَوْفِ الأرضِ. كان خطؤكِ قاتلًا. لامستُ الصّخورَ. كان الجليدُ في كلّ مكانٍ. انزلقتُ على الحَبْلِ أعمَقَ فأعمَقَ. مِنْ فوق بدَتِ هالَةُ الضّوءِ التي تأتي مِنَ المَدخَلِ بدرًا في سماء مظلمة. في أيِّ جَحِيمٍ تردّيتِ. بحثتُ عن رفاتِكِ وقد بلغتُ القاعَ فلَمْ أجِدْ شيئًا. كنتُ على يقينٍ أنّكِ ترقدِينَ تحت الجليدِ بِجَسَدٍ كامِلٍ. عُدْتُ، تسلّقتُ الحبَلَ، خرجتُ من المغارَةِ، تركتُكِ مرّةً أخرى خلفِيَ. لَمْ أَزُرْ والديْكِ، ما كنتُ أستطِيعُ النَّظَرَ في عينيّ أمٍّ لا تزالُ تنتظِرُ ابنةً ماتَتْ قبْلَ عِقْدَيْنِ.

حملتُ حقيبة الظّهرِ وقد اعتزمتُ التّحرّك. ارتفعَ نعيقُ الغِربَانِ وأعقبَهُ الصّمتُ نفسُه فتوقفتُ مجدّدًا. «سأطوي هذا الملفّ إلى الأبد»، قرّرتُ. شغلتُ الهاتفَ المحمولَ، تواترتِ الرّسائِلُ، أهملتُها. مُغتَنِمًا لحظَةَ اندفاعٍ اتّصلتُ بوالِدِهَا، بعد الرّنّةِ الرّابِعَةِ جاء صوتُهُ:

- أهلًا، يا أمين.

وقبل أن يسألني، عن سَبَبِ الاختفاءِ وآدابِ السّفرِ، بادَرْتُ:

- عمِّي، أريدُ أن أخبِرَكَ بشيءٍ عن ابنَتِكَ.

صَمتَ. كان يتألّمُ، لعلّهُ كان، كذلكَ، خائِفًا مِنَ الحقيقَةِ مثلي. اختنقَ صوتُهُ. لا يزالُ جُرحُهَا طريًّا. ابتلع ريقَهُ، خطا. كنتُ أعرِفُ أنّهُ يبتعِدُ عن زوجتِهِ. لا يُرِيدُهَا أن تسمَعَ شيئًا إلى أن ينتهي الموضوعُ. جاءَ صوتُهُ مُكَابِرًا:

- كنتُ متأكّدًا أنّكَ تُخفي عنّا خَبَرَ سندس. ما راودنِي الشّكُّ أبدًا، لكنني لم أمتلك الحُجّةَ لأنتزع منك اعترافًا. خرجتُما معًا وعدتَ وحدَكَ، رجعتَ من دونِها، يا أمين.

تنهّد.

- الله يسامحك، الله يسامحك يا ابني.

بكيتُ. تألمتُ مجدّدًا. لم أجد الكلمات لأبرّر صمتًا دام أزيد من عقدين. بكى من الجانب الآخر. بلغتْ شهقاتُهُ حارّة مريرة. للمرّة الأولى أعرِفُ أنَّ بُكاءَ الرّجلِ أمرّ من بُكاءِ المرأةِ. بينما تبكي المرأةُ لتتخفّفَ وتنفض يبكي الرّجُلُ ليتعمّقَ الأسى. فاتَ الوقتُ لأتراجَعَ، مضيتُ:

- عمّي، هل ينفَعُ أن تعْلَمُوا مكان جسدِهَا اليومَ؟ هل يُخفّفُ عليكم في شيء أن تدفِنُوها ويكون لها قبْرٌ وشاهدٌ؟

- ينفع يا ابني، ينفع..

بَكَيْنَا معًا؛ هو بإحساسِ الضّحيّةِ وأنا بإحساسِ المُذنِبِ.

- سندس في جوْفِ مغارَةِ الجرفِ، ترقُدُ تحتَ الثّلجِ.

- قتلتَها، أنتَ؟

حطّ صمتٌ ثقيلٌ، احتبستْ أنفاسُهُ لحظاتٍ. تمنّى أنْ يخِيبَ توقّعُهُ. أجبتُ:

- لا.. لم أقتُلهَا.

تناهتْ إليّ زفرتُهُ مثل أنينٍ.

- كيف ماتَتْ؟

- انزلقتْ قدَمُها على صخرَةٍ، وتدحرجتْ إلى الجوف.

بدا أنّ جوابي أراحَهُ. هدأ، أخذ وقتَهُ ليستوعِبَ ويُرَتّبَ أفكارَهُ. ابتلعَ ريقَهُ. سألَ:

- ما اعتديتَ عليها، ولا اعتدى عليها غيرُكَ، صحّ؟

أكبَرُ مخاوِفِهِ أن تُغتصَبَ ابنتُهُ ثمّ تُقتَل. تمنّى لها موتًا بلا ألَمٍ، موتًا مُشرِّفًا لا يُوَرِّثُ العارَ لإخوتِهَا. طمأنتُهُ:

- لا يا عمّ، ما لمستُها، وما مسّها غيري. ودّتْ أن تدخلَ المغارَةَ فرافقْتُها. كنّا نودّ استكشافَهَا؛ فُضُولُ صبيان وطيش...

قاطعني.

- لِمَ سكتَ كلّ هذه السّنين؟

لَمْ أُجِبْ. لا جوابَ مقنع. تابع:

- وعذابُ العُمُرِ والغمُّ والقهرُ واللّيالِي التي بلا قرارٍ؟

- سامحوني يا عمّ، ما تجرّأتُ...

- لا إله إلا الله، اللّهمّ نحمدُكَ على ما أعطيتَ، وعلى ما أخذتَ.

تنهّد.. تركَ الهاتِفَ مفتوحًا عن عمدٍ، سمعتُ وقْعَ خطواتِهِ الثّقيلة على الأرضِ، ثمّ صوتَهُ ينادي:

- حاجّة زهرة، يا حاجّة...

- نعم، يا حاج.

- تعالي، أريدك في خبر.

أجلَسَها وجَلَسَ.

- ما نسيتِ سندس، يا حاجّة، ولا نسيتُها.

- ولا أنساها حتى القبر.

- في بيت الله، أمام قبر سيّدنا النّبي، طلبتِ طلبًا، تتذكّرينه يا حاجّة؟

- إيه نعم، أتذكّره.

لم تكن مستعدّة لتُعِيدَ الطّلبَ عليه. تخشى الألَمَ الذي يُصَاحِبُ ذكرى ابنتِهَا. اكتفتْ بالصّمتِ. الحاجّة زهرة، كما عرفناها جميعًا، تكظمُ همّها وتحني رأسَها وتنتظِرُ الفَرَجَ.

- استجديتِ ربّ العبادِ ألا تمُوتِي إلا وأنتِ على عِلْمٍ بخبَرِ ابنتِكِ، حيّةً كانت أو ميّتةً. حَلمتِ، وحلمتُ معك، بقبر نزورُهُ كلّما اشتقنا إليها، نبكي عليه ونزرَعُ على ترابِهِ الوردَ.

بكتْ زهرة، سمِعَتُ نشيجَها، تخيّلتُها بمنديلِ الرّأسِ الأبيضِ تحني رأسَها؛ تنظُرُ إلى الأرضِ. أذلّها ألَمُ اختفاء ابنتِهَا، كسرَها. من يومها لم تضحك لشيءٍ، ولَمْ تفرحْ لخَبَرٍ، ولا همّتها شئونُ الدّنيا.

- لا تبكي يا حاجّة، لا تبكي، استجابَ العزيزُ الكريمُ لدعاكِ.

ثمّ انقطعَ الخطّ. شعرتُ بجسدي أخفّ، أديتُ شيئًا من فاتورَةٍ قديمَةٍ انتظرت لأكثرَ من عقديْنِ. أقفلتُ الهاتفَ. غسلتُ وجهِي وشربتُ قليلًا من

الماءِ. نظرتُ إلى السّماء. كانتِ الشّمسُ قد استأنفَتْ رِحلتَها نحو المغيبِ. أسرعتُ كي لا يدركني اللّيلُ.

اندفعتُ بين أشجارِ الأرزِ والبلُّوطِ. احتجتُ إلى جُهْدٍ كبيرٍ. مشيتُ طويلًا، واضطررتُ إلى الالتفافِ عِدّةَ مرّاتٍ كي أُوفّقَ في العُبُورِ. ساقَتنِي مساربُ إلى مسارِبَ. اجتزتُ أراضيَ موحلة، وأخرى تفيضُ بتشكيلاتٍ نباتيةٍ أكثرَ كثافةً وأغزرَ ظِلالًا. انتشيتُ بوُجُودِي في عالَمٍ ما كنتُ لأراه على غير هذه الأرض. صادفتُ مزيدًا من الأكواخِ المهجُورَةِ التي عشّشتْ فيها الطّيورُ، وتكوّمتْ على جنباتِهَا أوراقُ الأشجارِ. انتابني شعورٌ استثنائيٌّ، كأنّني لَمْ آتِ لأكتُبَ الرّوايةَ التي أريدُ، بل جئتُ لأعيشَها؛ لألِجَ إلى المَتْنِ الذي سبقتني إليه غيتةُ ونادِلُ مقهى ركس وريمُ. هل يكونُ لي أن أخرِقَ حَدًّا آخَرَ لَمْ أَكُنْ أنتوي اختراقَهُ؟

مُنْهَكًا قرّرتُ أنْ آخُذَ قِسْطًا من الرّاحةِ، جلستُ بين أشجار البلُّوطِ، فلاحَ لي الجِسرُ الخشبيُّ الذي قدمتُ منه ونباتاتُ الدّفلى. صُعِقتُ. لعبَةُ المتاهاتِ ما كانتْ لِتُنَاسِبَنِي.

14
بيتُ غابةِ الأرزِ والبلُّوطِ

جبال الشّاون

15/ 10/ 2018

عدَلتُ عن الذّهابِ إلى بيت غابة الأرز والبلّوط، انكسرَ النّهارُ وانكسرَ معَهُ ضوءُ الشّمسِ، فمَالَ ظِلُّ الجبلِ على الوادي مثلما يميلُ رَجُلٌ مريضٌ ليتوكّأ على عصاه. سِرْتُ على الألواحِ. زُهُورُ الدّفلى التي تفيضُ على الوادي صارت بلون الحزن، طبعتها دكنَةُ المساءِ بالأسى. على الجسر حطَّ الصّمتُ ثقيلًا مهيبًا، كما كان من قبل. رفعتُ رأسي. في السّماءِ لا سُحُبَ ولا طُيُورَ؛ فراغٌ أقربُ إلى شَرْخٍ. إلى اليسار، على مسافة مئاتِ الأمتارِ، حيثُ يتلوّى الوادي متبوعًا بنباتات الدّفلى، لاحتْ طاحونَةُ هواءٍ. توقفتُ. تأمّلتُها. كانت الشّفراتُ العِملاقَةُ معطّلةً، وحجَرُ الجُدرَانِ مكسوًّا بالعُشْبِ. البابُ الصّغيرُ، المُشرِفُ على الوادي، مفتوحٌ على مصراعيهِ، ربّما كما تركَهُ آخِرُ رَجُلٍ خرجَ وفي نيتهِ عودةٌ لم تتأتَّ. تذكّرتُ حياة، ثوبَها الطّويلَ، والشّعابَ والطّواحينَ والجِسْرَ المغلّفَ بالدّفلى. «هل تكونُ هذه الألواحُ المشدودةُ بالحِبَالِ مَعْبرًا إلى عالمٍ مُوَازٍ؟»، أغوتني الفِكْرَةُ. ما كنتُ لأفوّتَ الفُرصَةَ. انقلبتُ رَاجِعًا. عَصَفَتِ الرّيحُ، وماجَتِ الأوراقُ على الشّجرِ، كما يموجُ عَلَمٌ عِملاقٌ، وتدفّقتْ رائِحَةُ الوادي الخصيبِ. أحسستُ بجسدي عاريًا، ورُوحِي خفيفَةً، نسيتُ تعبي وتقدّمتُ، خُضْتُ مجدّدًا بين الشّجر، لم أجِدْ عن المسار. كنتُ سعيدًا راضيًا

عن لعبةٍ بقواعِدَ لَمْ تخطُرْ لي على بالٍ. استنشقتُ رائِحَةَ البراري وسرتُ. الغدُ ليسَ هُنَا. هُنَا يوجَدُ الآنيُّ، تولَدُ اللّحظةُ كَكُلّ، كمُطْلَقٍ، كنهايَةٍ لا يعقبُها شيءٌ.

انطفأتِ الشّمسُ ولاحت النّجومُ بين أغصانِ الشّجر. أخذتُ رشَفَاتِ ماءٍ وتناولتُ حبّاتٍ قليلَةً من الشّوكولاتة السّوداء، ثمّ استرخيتُ تحت شجرةِ أرز. يُمكِنُنِي أنْ أنَامَ حيثُ توقّفتُ، بلا مخاوفَ، أتوسّدُ ذراعي وأحلمُ. هكذا كانَ الإنسانُ الأوّلُ، هكذا أنا الآن. مدَدْتُ ساقيَّ على الأرضِ. التّرابُ باردٌ وأوراقُ الشّجَرِ المُتراكِمَةُ رطبَةٌ نديّةٌ. وضعتُ رأسي على الجِذْعِ واسترخيتُ. تناهى إليّ خريرُ مياهٍ تَجْرِي. أخرجتُ مِزوَدَةَ الماءِ، انتصبتُ، حملتُ الحقيبة وسِرتُ مُستَعِينًا بنورِ الكشّافِ، راوغتُ عدّة أشجارٍ، مع الغديرِ انفتحَتِ الرّؤيةُ وظهَرَ حقلُ ذُرَةٍ ممتدًا يُحِيطُ البيْتَ ذا النّوافذ الموارَبَةِ. تدفّقَتِ الرّيحُ وماجَ الحقلُ مثلَ قِطعَةِ ثوبٍ تخفقُ. كان المنظرُ مُذهِلًا. توقّفتُ. ما كان بِوُسْعِي أنْ أعيشَ كلّ هذا في مكانٍ آخرَ. تداخلتْ مشاعري فبكيتُ. يمضي الحقلُ بعيدًا تدثّرُهُ النّجومُ بضوءٍ باردٍ شفّافٍ. على الأطراف يشتدّ الظّلامُ، فيحيلُ بقيّةَ العالَمِ إلى هباءٍ. الحفيفُ وديعٌ متناغمٌ؛ معزوفةٌ بديعةٌ. مسحتُ دموعي واندفعتُ وسط حقل الذرة، ركضتُ بفرحٍ طفوليّ، مع كلّ خطوة أخطو أخلّفُ ورائي مخاوفي وهواجسي وخطاياي. بلغْتُ مسلكًا ترابيًا قسّمَ الحقلَ إلى شطريْنِ، وامتدّ وُصُولًا إلى بابِ البيتِ. التفتُّ إلى الخلْفِ، غابَتْ أشجَارُ الأرزِ والبلُّوطِ، أكَلَهَا الظّلامُ. مضيتُ بِخُطواتِ مَنْ يمشي إلى مسكَنٍ عمّرهُ طويلًا. إلى اليسارِ باحَةٌ واسِعةٌ يتوسّطُهَا خزّانُ الماءِ المثبّت على الحامِلِ الخشبيِّ. فتحتُ الصّنبُورَ فتدفّقتْ مياهٌ حُلْوَةٌ. أدركتُ أنّ الماءَ يتجدّدُ باستمرارٍ. غسلتُ وَجْهي ثمّ تسلّقتُ درجاتِ المدخَلِ. الإفريزُ الخشبيُّ عريضٌ، يتقدّمُ العتبَةَ بأزيدَ من مِترٍ. استدرتُ. الدّرجاتُ الثّلاثُ تؤمّنُ في النّهار رؤيةً ممتازةً للحقلِ بأكمَلِه. كان البابُ موارَبًا. طرقتُ الدفة عدّة مرّاتٍ. لَمْ يُجِبْ أحَدٌ. لمستُها فانزلقتْ في يُسْرٍ.

- هل من أحد؟

استعنتُ بضوء الكشّافِ، خطوتُ إلى الدّاخلِ. قاعَةٌ فسيحَةٌ تكادُ تخلُو مِنَ الأثاثِ، عدا طاولة من خشب الأرز تُحيطُهَا أربَعةُ كراسيَّ. الأرضيةُ من خشبٍ والجدرانُ تغلّفُها الألواحُ. وضعتُ حقيبةَ الظّهرِ على الطّاولةِ. مِنَ السّقفِ تدلّى فانوسُ غازٍ. أسرجتُهُ فشعّ الضّوءُ الأصفَرُ البارِدُ مُرتَجِفًا. بدَا المكانُ مثاليًا لعُزْلَةِ كاتِبٍ. أثارتني النّوافذُ، على خلافِ عاداتِ البدْوِ، كانت واسعةً جدًّا، تنفتِحُ على الجهات الأربع للبيت، فتكشِفُ أكثر ممّا تُخفِي. في الجهة المقابلة للمدخل ينتصب بابٌ خلفيٌّ أقلّ حجمًا، لكنّهُ مُحْكَمُ الإقفالِ. ألقيتُ نظرةً عبر النّوافذ، ظهرتْ حقولُ الذّرَةِ ممتدّةً، في نهاياتها يستحيلُ كلّ شيءٍ إلى سديم. أخذتُ الهواءَ مِلْءَ رئتيّ. بدَا المشهَدُ أقرَبَ إلى لوحةٍ سُرياليةٍ أبدعَتْهَا أناملُ رسّامٍ مهوُوسٍ بالغرابَةِ. إلى اليسار، بين نافذتيْنِ، سُلّمٌ خشبيٌّ يقُودُ إلى الطّابَقِ العلويّ الوحيد. لَمْ أتردّد، صعِدتُ السّلّمَ، الدّرجاتُ من الخشَبِ الخشِنِ، أمّا الدرابزين فصقيلٌ ناعِمُ المَلْمَسِ. ينتهي السُّلَّمُ إلى رِوَاقٍ ضيّقٍ تتفرّعُ منهُ خمسَةُ أبوابٍ مغلقة. «حسن، لنكتشف هذا البيت»، فتحتُ بابَ الغرفة الأولى، كما توقّعتُ؛ لم يكن في الغرفة أحدٌ. مستَعِينًا بِنُورِ الكشّافِ، أمكنني أن أقرأَ كَلِمَاتٍ منقوشَةً على الجدارِ المحاذي للبابِ. قرأتُ بتأنٍ أمرّر أصبعي على الحُرُوفِ:

«للجُزءِ، مهما كان بسيطًا، أن يُغيِّرَ الكُلَّ، مثلما يُمكِنُ أن يُؤدّيَ تحوّلُ فردٍ واحدٍ إلى انقلابٍ شاملٍ في العالم. جرّب، لسوفَ يتبدّلُ الوجودُ بِفِكْرَةٍ تراودُكَ صدفَةً».

«امم، جميل، أصبتم»، قلتُ في نفسِي. انتقَلتُ إلى عبارة أخرى. بطريقَةٍ مَا أشعرتني النّقوش بالأمان. آمنتُ دائمًا أنّه حيث يكون أناسٌ يُعمِلُون التفكير يوجد متّسَعٌ لعالَمٍ أرحبَ. تابعتُ: «تتبدّل الحروف فتتبدل الكلمات، في اللّمسةِ يتغيّر

العالم». توقفتُ، أعدتُ قراءة العبارة، وجدتُ فيها شيئًا ممّا في الأولى، ومعاني أخرى أعمق، تشعّبت الدلالات فأهملتُهَا. أسفل الجدار سريرٌ خشبيّ لشخص واحدٍ فوقَهُ ملاءة مطويّةٌ ومخدّةٌ. في الجِهَةِ المقابلة خزانَةٌ خشبيّةٌ بدفّتيْنِ. في الرّفُوفِ عثرتُ على عدّةِ كُتُبٍ، بعضُها بالٍ وآخر حديث؛ تاريخ وفلسفة وأدب، رفٌّ لملابس امرأة متوسّطة القدّ، الرّفّ التّحتاني كان الأهمّ، عثرتُ فيه على دُمَى كثيرة وألْبُومٍ مغلّف بجلدٍ أسودَ. سحبتُه، جلستُ على السّرير، ثبّتُّ الكشّاف في وضعية مناسبة، ثمّ فتحته. باغتتني صُوَرُ غيتة، رأيتُها طفلةً تحبو في غرفة نومِهَا، وتلميذَةً تحمِلُ المحفظةَ وتقصدُ المدرسةَ، ثمّ طالبةً في كليّةِ الآدابِ. في الصّورِ الأخيرَةِ رأيتُها تمرّ على الجِسْرِ، فوقَ وادي الدّفلى، خفَقَ قلبي بشدّة، راعني عبورُها الطّريقَ نفسَهَا، ودُخُولُها، قبْلَ موتِهَا، إلى البيت الذي دخلتهُ. كيف لها أن تترك ملابِسَها وألبوم صُوَرِهَا هنا؟ هل كانت تنتوي الرّجوعَ فباغتها الموت؟ أغلقتُ الألبوم. أعدته إلى مكانه. شعرتُ بالخوف. لعلّ المآلَ نفسَهُ ينتظِرُني. أَخذَ الجمالُ الطّافحُ في التّحوّلِ إلى قبحٍ. مِنْ نافذَةِ الغرفة رأيتُ تحت ضوء القمرِ رَجُلاً من ذوي الشّاشيات يمضي وَسَطَ حقْل الذُّرَةِ وفي يده حقيبة الظّهر خاصّتي. فزعْتُ: «مسوّداتي»، استدرتُ لأهرَعَ إليه، تسمّرتُ مكاني؛ حياة تَقِفُ على العتبَةِ بثوبِهَا الطّويل وبسمَتِهَا الهادئة. لاحتْ لي الشّعابُ وجسرُ العبور ووادي الدّفلى والرّجالُ الذين ظلّلَت شاشياتُ القشِّ وُجُوهَهُمْ.

- مرحبًا يا أمين، تأخّرتَ في الوُصُولِ.

مدّتْ لي حقيبة الظّهر. اتّسعت ابتسامَتُها مُقابِلَ الدّهشة التي تملّكتني:

- خذ، لا تخشَ، هنا لا يضيعُ لأحدٍ شيء.

ابتلعتُ ريقي. عندما أطللتُ من النّافذَةِ كان الرّجُلُ الذي يحمل الحقيبةَ قد انحشَرَ في الظّلامِ وتلاشى.

15
البابُ الخلفيّ

بيت غابة الأرز

2018 /10 /15

فتحتُ عينيّ. على الطّاولةِ كأسُ الشّايِ وخُبْزُ الذّرةِ واللّبنُ. غمرني هواءُ الصّباحِ الفاتِرُ وصخبُ الطّيور ودفءُ شمسِ الخريفِ. مدّتْ حياةُ يدَها، سحبتني إليها فعانقتُهَا. مِنْ شَعْرِهَا فاحتْ رائِحَةُ الرّيحان.

- أراحتكَ الغرفة؟

حرّكتُ رأسي إيجابًا. في ذهني جالتْ أفكارٌ كثيرَةٌ. خطَرَ لي أنْ أسألَها كيفَ لهذا البيتِ أنْ يبقى بعيدًا عن العالَمِ، وعن الإحساس بالهشاشة الذي يُعَمِّرُ كلّ شيءٍ. هذا الثّباتُ يُشْعِرُ بالزّوالِ. بادرتْ بِسِحْرِهَا المعهودِ:

- تفطر أولًا، ثمّ تكون لنا كلمة.

غسلتُ وجهي بمياهِ الخزّانِ. الشّمس ُالتي سطعتْ من سماءٍ رائقَةٍ أضْفَتْ مزيدًا مِنَ البَهاءِ على حُقُولِ الذّرَةِ وغاباتِ الأرزِ والبلّوطِ. عندما انتصبتُ رأيتُ فلاحينَ يعتمِرُونَ الشّاشياتِ العريضَةَ التي تُظلّل وُجُوهَهُمْ. بعضُهم يحمِلُ حُزَمًا مِنَ القَشّ، وآخرونَ معاوِلَ. بَدَوا غائِبينَ، يشبِهُونَ حِكاياتٍ مِنَ الماضِي.

- مرّتْ غيتة من هنا؟

سألتُها وأنا على طاولةِ الإفطارِ. أطَلّتْ مِنَ النّافذة. ضوءُ الشّمسِ يطبعُهَا بالخُلُودِ. تأمّلتِ المشهَدَ بِعُمقٍ. كانتْ مزهوّةً بعالمِهَا. استدارَتْ نحوي، سحبتْ كرسيًّا صغيرًا وجلستْ. أجابتْ:

- سألتني غيتة السّؤال نفسَهُ: «هل مرّ أمين من هنا؟». استغربتْ لوجود ألبوم صور خاصّ بك في أحد رفوف الغرف المجاورة.

وضعتُ الكأس. نظرتُ إليها:

- لكنني لم أمر من هنا من قبل.

ابتسمتْ:

- لكنّك كنتَ ستَمُرُّ من هنا، لذا يوجد ما يوثق مرورَكَ الآتي.
- لا يمكن لهذا أن يصحّ؟

ضحِكَتْ، ثمّ أضافتْ بما أمكنَ مِنْ بساطَةٍ كأنّها تحلّ عمليةً رياضيةً غايَةً في البساطَةِ أمامَ تلميذٍ محدُودِ الذّكاء:

- إذا تغيّرتِ القواعِدُ تبدّلتِ النّتائِجُ، صح؟
- يصعبُ أن...
- كلّ شيءٍ هشٌّ، يا أمين، هشٌّ إلى أبعد حدّ، وأعظَمُ القوانينِ التي قد تحسِبُهَا نظامًا كونيًّا ثابتًا شامِلًا ليستْ أكثر مِنْ هَبَاءٍ.
- نعم، كلُّ شيءٍ هشٌّ بالفِعْلِ.
- الأمْرُ كذلكَ بالضّبط، يا أمين. هُنَا قواعِدُ أخرى تنظّمُ العَلاقَةَ بين عُنصُرَي المادّةِ والزّمَنِ، لذا ليس ضروريًّا أن يكونَ المنطِقُ الذي تعلّمتَهُ وفْقَ القواعِدِ الأولى جارِيًا.

توقّفتُ عن الأكلِ، ألحّتْ:

- كُلْ، ستفهَمُ كلَّ شيءٍ بمفردك، وفي حينِهِ، دون حاجَةٍ لأحَدٍ.

أنهيتُ فطوري، حملتُ حقيبة الظّهر. سألتُها:

- يُمكِنُنِي أن آخُذَ صُوَرَ غيتة معي؟

سحبتني من يدي، نزلنا الأدراج، ثمّ مضينا نحو الباب الثّاني للبيتِ.

- كلا يا أمين، لا يُمكِنُكَ ذلك.

- لِمَ؟

- قواعِدُ لعبةٍ أخرى، يا أمين.

ضغطتْ على يدي.

- أمين، ستمُرُّ عبر هذا البابِ، ولن يكونَ بِوُسعِكَ أنْ تعُودَ منه.

التفتُّ إليها. تذكّرتُ كلماتِ غيتة أخيرًا.

- البابُ الخلفيُّ؟

حرّكتْ رأسَها:

- نعم.

وضعتْ يدَهَا على المقبضِ، فتناهى إليَّ هدِيرُ المُحِيطِ. ودَدْتُ أنْ أسألَها عن غيتة، لكنّ الوقتَ كانَ قد انقضى.

16
ألبومات

أصيلة

2018/10/15

دفعتُ دفّةَ البابِ ودخلتُ. بيتُ الإيجارِ في أصيلة كما تركناهُ آخِرَ مرّةٍ. لا شيءَ تغيّرَ، أرائِكُ الجِلْدِ ظلّتْ في أماكِنِها نفْسِها، تتوسّطُهَا منضدَةٌ من خشَبِ الأَرْزِ، ونباتاتُ الصبارِ في الأُصُصِ تُحافِظُ على خُضرَتِها ونضارَتِهَا. تطلّعتُ عبر النّافذةِ إلى السّماء؛ أمواجُ النّوارسِ تختلِطُ مع السّحبِ لتُعِيدَ رَسْمَ اللّوحَةِ كما كانت. وضعتُ حقيبةَ الظّهرِ على المنضدَةِ، أعدتُ فتح البابِ لأجرّبَ عُبُورًا عكسيًّا. خَلْفَ البابِ ظهرَتْ حديقَةُ البيتِ تحتفي بشجرتي اللّوزِ واللّيمونِ ومقاعد الخشب الصّغيرة. لِلَحظَةٍ خلتُ أنّ الوقت الذي مضى لم يكن غير حُلُمٍ عابرٍ، أكذوبة، وأنّ غيتة تُوجَدُ في الدّاخلِ تنتظِرُني بِثَوبِ السّاتانِ الأسودِ الخفيفِ. جلستُ تحت شجرة اللّوز، وأرحتُ ظهري على العُشبِ البارِدِ. وسط هدير المُحِيطِ وصخب النّوارسِ تذكّرتُ العبّاس؛ نادل مقهى «ركس». كان سعيداً بلقائه مع حبيبته بعد عشرين سنة من الغياب، هل يحالفني الحظّ نفسُه وأصادِفُ من يجمَعُني بغيتة؟

نِمْتُ على العُشبِ ساعاتٍ، نَوْمَ ميّتٍ؛ لا أحلامَ ولا كوابيسَ. عندما فتحتُ عينيّ كان اللّيلُ قد نَزَلَ. ملأ الضّبابُ الدُّنيا عن آخِرِهَا وسقط الرّذاذُ؛ بلّلَ ملابسي. فانوسُ الإنارةِ العموميةِ المُثبَّتُ على جِدَارِ البيتِ الأماميِّ يرتَعِدُ؛

يومِضُ وينكَفِئُ. شعرتُ بالبردِ. الوَمِيضُ المُتكرّرُ للفانوسِ يَصِفُ عالَمًا سُرياليًّا يَنزَلِقُ إلى الزّوالِ. هدِيرُ البحرِ أحدّ يُوَاصِلُ حكاياتِهِ عن «زيليس» التي تُكَابِدُ النّسيانَ لتبَقى صَامِدَةً على حوافّ العالَمِ. حملتُ نفسي ودخلتُ إلى البيتِ.

- غيثة، رجاء، عودي من الباب نفسِهِ؟ كسَرنَا حدُودًا كثيرَةً، واجتزنا عتباتٍ لَمْ يَسبِقْنَا إليها غَيْرُنَا، فهلا عبَرْتِ عتبةَ الموتِ إلى الحياة؟

تلمّستُ الجدارَ، ضغطتُ على زِرّ مِفتَاحِ الكهرباءِ. لَمْ يَكُنِ البيتُ مَوْصُولًا بالتيارِ. خضتُ في الظّلامِ أقصِدُ المنضدَةَ، فتحتُ حقيبةَ الظّهرِ واستعنْتُ بِنُورِ الكشّافِ. لَمْ تكُنْ معي مَلابِسُ بديلَةٌ، تركتُها في بيتِ الجبل. منّيتُ النّفْسَ بأخرى أتدبّرُ بها اللّيلَةَ إلى أنْ يطلعَ الصّباحُ. أخذ جسدي يرتعد وأسناني تصطكّ فخشيتُ من نزلَةِ بَرْدٍ. غنيتُ كما كنتُ أفعلُ طفلًا. مُدَرِّسُ الصّفّ الثّالثِ كانَ يقولُ لنَا: «غنّوا كلّما شعرتُم بالتّوتّرِ، غنُّوا وأنتُم مُغتَاظِينَ أو تشعرونَ بالألَمِ.. غنُّوا فالغِنَاءُ يُعِيدُ للرّوحِ توازُنَها». أنشدتُ بالنّبرَةِ الطّفوليةِ الحالِمَةِ ذاتِها:

«هللي، هللي يا رياح، وانسجي حول نولي وشاح، من خرير الغدير، واهتزاز الأثير، واختلاج العبير، في دموع الصّباح، هللي يا رياح، طوقيني بنور النّجوم، وافتحي لي قصور الغيوم».

قَصَدْتُ غُرفَةَ النّومِ. السّريرُ مُرتّبٌ بعنايةٍ، تحتَهُ نَعْلٌ من جلدِ مدَابغِ فاس. تلمّستُ الإزارَ. كانَ نظيفًا، لا أثرَ للغُبَارِ. إلى اليسارِ قليلًا خِزانَةٌ مِنْ خَشَبِ الجوخ. بحثتُ عن ملابِسَ فلَمْ أَجِدْ غير بطّانياتٍ مطويّة. انقلبتُ إلى الغرفة التي في الجوار. دخلتُها. مكتبٌ عريضٌ ورفوفٌ من الخشَبِ تُغطّي الجُدرانَ بأكمَلِهَا. بدا المكانُ في مُجْمَلِهِ أقرَبَ إلى مختبر تقليديّ لتحميض الصّور

وإخراجها. من السّقف تدلّتْ كثيرٌ من البورتريهات التي تَظْهَرُ، في النّظرة الأولى، ممتَلِئَةً بالحياة، لكنّك بمجرّد ما تدقّقُ فيها تكتشِفُ أمرًا نقيضًا؛ إنّها تفيضُ بكُلّ معاني الموتِ. تختلِفُ الوجُوهُ وتتوحّدُ في معنى واحدٍ؛ الموتُ قاهِرٌ، يسبِقُ كُلَّ شيءٍ ويعقبُ كلَّ شيءٍ. «رائع»، فكّرتُ. وُجُوهٌ تليقُ بشخصياتٍ فريدَةٍ في أعمال روائية أكثر تفرّدًا.

هذه الغُرفَةُ لا أتذكّرُها. كأنّها لَمْ تَكُنْ. كان بيتًا صغيرًا للإيجارِ يتشكّلُ من غرفَةِ نومٍ وبهوٍ ومطبخٍ وحمّامٍ وحديقتيْنِ. صرفتُ النّظر. ما كان ذلك مُهِمًّا. أعرِفُ أنّ كثيرًا من الأبوابِ تُوجَدُ إلى جانِبِنَا باستمرارٍ، لكنّنا لا ننتبِهُ إليها أبدًا، أو ننتبِهُ إليها مُتأخّرِينَ.

على الرّفوفِ كانتْ مئاتُ الألبومات تتراتَبُ وَفْقَ خطّ زمنيٍّ مُتسلسِلٍ. سحبتُ عدّة ألبومات. لا ألوانَ؛ صُوَرٌ بالأبيضِ والأسوَدِ. مع ذلك، يُمكِنُكَ أن تتبيّنَ الفرَحَ مِنَ الحُزْنِ. اكتشفتُ للمرّةِ الأولى أنّ الألوانَ ليست ضرورية، بل على العكس، تُسِيءُ للمعنى. تصفّحتُ مزيدًا، مثل سِيَرٍ تأتي لتصف حال أناسٍ مرّوا في صمتٍ، لكنّ مرورَهُم كان عميقًا بليغًا. «هل يكون هذا مكانًا للتّوثيق وحفظ الذّاكرة؟». سحبتُ ألبومات أخرى ونزلتُ على ركبتيّ. فرشتُها. حاولتُ أن أكونَ دقيقًا. أولى الملاحظاتِ كانت فارقةً؛ كلّ الشّخصيات التي تناولَتْها الألبومات كانت بسيطَةً استثنائيةً في الوقتِ نَفْسِه؛ لها ما يُميّزها عن عموم النّاس. تابعتُ مسيرة امرأة بساق مبتورة منذ كانت طفلة. ظهرتْ في الصُّوَرِ الأولى تقفِزُ بساقٍ واحدةٍ وتضحك، أمامها يتدفّقُ ظلٌّ من يلتقِطُ الصّورة. لعلّهُ والدُها. رأيتُها ترتدي وزرة المدرسة مستندة إلى عكّاز، وفي أخرى على رمال الشاطئ بلباس البحر. في آخر الصّور ظهرت بذِراعين مفتوحتين وساق من خشب.. كانت امرأة سعيدة تؤمِنُ بالحياة..

وتابعتُ رجلًا يُربّي القِطَطَ، بدا في الصّوَرِ وقد كرّسَ عُمْرَهُ لإيوائها. كانت في كلّ مكانٍ. من الصّورِ الأخيرة أدركتُ أنّهُ كانَ أصمًّا. ربّما استطاعتِ القطَطُ أن تملأَ عالمَهُ، على خلافِ البَشَرِ...

أخذ ضوء الكشّاف يضعف، أسرعتُ. أغلقتُ الألبوماتِ، وأعدتُها إلى أمكنتها. على المكتب رأيتُ أخرى. كان بعضُها مفتوحًا وآخَرُ مغلقًا. قصدت المكتب، سحبتُ الكرسيّ وجلستُ. كفّ جسدي عن الارتعاشِ، وغابَ الإحساسُ بالبرد. رأيتُ ألبوم غيتة مجدّدًا كما تركْتُهُ في بيتِ غابَةِ الأرزِ والبلّوطِ، وعليه تاريخُ ميلادِهَا وتاريخُ موتها. إلى جانبه ورقة بخطّ يدِهَا عَنْوَنَتْهَا: «لا حدودَ لا جلادينَ». أجزتُ لِنفَسي أنْ آخُذَ الورقَةَ معي. الألبومُ الآخَرُ كُتِبَ عليه اسم أمين محمد بلانكو. رأيتُ تاريخ ميلادي. خفق قلبي بشدّة. وقَبْلَ أن يشُدّنِي الفُضُولُ، وضعتُ يدي أحْجُبُ تاريخ موتي. أشحتُ. دفعتُ الكرسيّ وانصرفتُ أحمِلُ أسئِلَةً بلا جوابٍ.

أغلقتُ بابَ الغرفةِ. نورُ الكشّاف أوهَنُ. مِنَ النّافِذَةِ المفتوحةِ للبهو يَصِلُ ضوء فانوس الإنارة الخارجيّ كأثر البرق؛ ظلامٌ حالِكٌ يكسِرُهُ وميض خاطِفٌ. نالَ منّي الإعياءُ فقرّرتُ الدّخولَ إلى غُرفَةِ النّومِ. لعلّ الارتماءَ على السّريرِ والتّدثّر ببطّانية يُعيدُ لي شيئًا مِنَ الهُدُوءِ والدّفْءِ.

مَا كانَ وقتًا للنّومِ. جاءَ عيّاش لِيَسحَبَنِي إلى متاهاتِ «زيليس» فأقبلتُ.

17
لا حدود؛ لا جلادين

كُنّا مجمُوعةً من أربعينَ فردًا، وكان معظمنا ذكورًا. النّساءُ المعدوداتُ جئنَ برُفقَةِ أزواجهنّ بعدما تعذّر عليهِنّ البقاءُ في أرض لا أمان فيها. اختبأنا تحت الأشجارِ ساعاتٍ. لمّا اطمأنّ الجميعُ أنّ الدّركَ لا يُلاحِقُنا تفرّقنا إلى مجموعاتٍ صغيرةٍ. كنتُ المغربيّةَ الوحيدَةَ، والبيضاءَ الوحيدةَ كذلك، ما منحني حُظوَةً لدى المهاجرينَ. انتقلتُ بين المجموعاتِ. مع كُلّ مجموعَةٍ كنتُ أقضي قليلًا من الوقتِ بما يكفي لأشرحَ لهم أفكاريَ. أصغوا إليّ باهتمامٍ بالِغٍ، طَرَحَ بعضُهم أسئِلَةً ولاذَ آخَرُ بالصّمتِ. مِثلَ رسولٍ يعمل على التّبشير بِدِينٍ جديدٍ قدّمتُ لهُم أحلامَنا عن عالَمِ الغَدِ. قلتُ لهم بصوتٍ عالٍ: «وجبَ عليكم أنْ تعلموا أنّ مرورنا عَبْرَ الحدودِ ليس جُرْمًا، إنّهُ حقّ تكفلُهُ الطّبيعَةُ الأمّ لنا. وضع الإقطاعيونَ الحدود ليصنعوا عِزّتَهُمْ على حساب كرامتنا، ويجعلوا من هزائمنا انتصاراتٍ لهُم. أعزّائي، في عبُورنا للأسلاك الشّائكة تحرّرٌ من الماضي والعبودية، وثورةٌ على حاضر التملك، واستشرافٌ لغد بلا حدود ولا سادة ولا جلادين».

أنا سعيدة بمهمّتي، مؤمنة برسالتي، يا أمين، وعلى استعدادٍ لِدَفْعِ الثّمَنِ.

بقينا في الغابات إلى أن أطلّ الصّبح، ثمّ قرّرنا أن ننتظِرَ ليلَةً أخرى وقد لاحظنا مُرُورَ دَوْرِياتِ الحَرَسِ على أطرافِ الحُدُودِ. شعرتُ بما شعرَ به تشي جيفارا وهو في الغاباتِ يُقاتِلُ الطّغاةَ والمارِقِينَ. في شُروقِ الشّمسِ رأيتُ

ولادَةَ عالَمٍ جديدٍ. تدفّقَ النّورُ على الجِبَالِ والغاباتِ فملأها خُضرَةً. تتذكّرُ الأغنية التي ردّدنا معًا في الطّريقِ من أصيلة إلى فاس؟ غنيتُ بصَوْتٍ عالٍ: «يا جبال الرّيف». ردّد المهاجرونَ الأفارقَةُ خلفِي. تتابعتْ أصواتُهُمْ إلى أن صارت صَوْتًا واحِدًا. لم يعرِفُوا معنى الكلماتِ، لكنّهُم كانوا قادرينَ على ملامَسَةِ المعانِي.

في لحظَةٍ آمنتُ أنّ الانتصارَ وشِيكٌ.

تتّفِقُ معي، يا أمين؟ لعلّ الخيرَ ينتصر على الشّرِّ فنستطيعُ صياغَةَ عالَمٍ على مقاسِ البُسَطاءِ.

توفيتْ أمسِ رضيعَةٌ أنهكَهَا السّفرُ والبردُ والجُوعُ، دفناها جميعًا تحت شجرَةِ زيتونٍ. بكَاها والدُهَا بمرارَةٍ، وكانَ حُزنُ أمّهَا أكبَرَ من البُكاءِ. التزمَتِ الصّمتَ. سألتُها:

- من قتل ابنتكِ؟

فاجأتني:

- ليسَ الله حتمًا.

انتظرتُ طويلًا كلِمَاتٍ أخرى. ما كانت قادرَةً على التّكلّم أكثر. عانقتُها وتمشّينا. قلتُ لها إنّ لنا في العُبُورِ فرصَةً للانتقامِ. أشرتُ للأسلاكِ. كانت باديةً لنا، تنتصِبُ كعدوّ.

- اختراقُ الأسلاك سبيلُنا لرَسْمِ عالَمٍ جديدٍ.

أمكنهَا أن تبكي أخيرًا.

هُنَا، يا أمين، حياةٌ مختلِفَةٌ، أكبر من الشِّعر الذي يمكنك أن تحفظ، أعظم من الشّعاراتِ التي نُردّدُ، ومِنْ كُتُبِ التّاريخِ. هنا وُجُودٌ حقيقيٌّ، إمّا أنْ تُقْدِمَ عليه فتختبِرَ الحياةَ أو تنكص فتظلّ بعيدًا خلف الحدودِ الأخرى.

سنَعبُرُ فجرًا، جماعة واحدة، قد يموتُ بعضُنا، لكنّ البقيّةَ ستمضي، ستظهَرُ أخبارُنَا على الشّاشاتِ، وتُصوّرُنَا التّقاريرُ هاربينَ من الجُوعِ والقهرِ، وخارجينَ عن القانُونِ. مع السّنواتِ سيعرِفُ العالَمُ أنّ الرّجلَ الذي يعبُرُ الأسلاكَ الشّائِكَةَ بلا جواز سفَرٍ يُمهّدُ لِوِلادَةِ العالَمِ الذي انتظرنا طويلًا؛ عالَمٌ بلا حدودٍ ولا حروبٍ ولا جلادينَ.

18
عيّاش أبو النّاجي

أصيلة

2018/10/16

طلع الصّباحُ. شمسُ الخريفِ أقلّ وطأةً، ومياهُ المُحيطِ تندَفِعُ بكياسَةٍ؛ تُلامِسُ قدَمَيّ وتعُودُ؛ كما تفعَلُ عادةً مع الغرقى الذين ترميهِمُ على الشّواطئ كلّ يومٍ. فتحتُ عينيّ ببطءٍ، غيرَ بَعِيدٍ شبّانٌ يلعبُونَ كُرَةَ القدم. تصِلُ أصواتُهُم ثمّ تنطفئ؛ تحمِلُهَا الرّيحُ حينًا وتدفعُهَا آخر. تحاملتُ على نفسي ونهضتُ. لا تزالُ حقيبةُ الظّهرِ في يدي. تفقّدتُ مسوّداتِي؛ لَمْ يلحقها سوءٌ. بحثتُ عن الرّجُلِ الذي سامرني ساعات اللّيلِ، فلم أَجِدْ لَهُ أثرًا.

عيّاش جرّب الموتَ ولَمْ يُفلِح. ألقى بِنَفْسِهِ من على أسوَارِ «القريقية» التي ترتفِعُ عشراتِ الأمتارِ فوقَ صُخُورِ البحرِ، لكنّهُ لَمْ يَمُتْ. نجَا بأعجوبَةٍ؛ سحبَهُ صيّادو القواربِ من بين الصّخورِ المسنّنةِ بلا جروحٍ ولا خدُوشٍ. جرّبَ الحشيشَ والكُحُولَ، وتعاطى المُخدّراتِ. كلّما صحا رأى وُجُوهَ أطفالِهِ الذين قضوا في محاولَةٍ فاشلَةٍ لبُلُوغِ شواطِئِ إسبانيا. هلكتْ زوجتُهُ الحامِلُ، وضاعَ أطفالُهُ الثّلاثةُ. دفعتهُ المياهُ إلى شواطئِ إسبانيا. استعادَ وعيَهُ، فلَمْ يَجِدْ أحدًا. سلّم نفسَهُ إلى الشّرطَةِ الإسبانية، قال لَهُم إنّهُ قتل ثلاثةَ أطفالٍ وامرأةً حاملًا؛ «أريدُ حُكمًا بالإعدامِ». أطعَمُوهُ وعالَجُوهُ ثمّ ردّوهُ إلى المغرِبِ. بعد عُقُودٍ من الضّياعِ والإدمانِ، قَبِلَ بِقَدَرِهِ فسكنتْ روحُهُ إلى الأبدِ.

يَموتُ عيّاش، على عكس ما تمنّى، في البرّ. يلفظ أنفاسَهُ في غفوة وهو جالسٌ في الحديقة، تحت شجرة اللّيمون، وعلى وجْهِهِ قبّعةُ القشّ. دفنَهُ الجيرانُ، في مقبرَةِ المدينَةِ التي تطلُّ على المُحِيطِ، في اليوم نفْسِه الذي يظهَرُ فيه ابنُهُ النّاجي من حيثُ لا يعلَمُ أَحَدٌ.

نفَضْتُ ملابسي من الرّمل. في صَدْرِي فراغٌ كبيرٌ. الشّرخُ الذي خلّفتْهُ غيتة لَنْ تُدَاوِيهِ الأيّامُ. حَلْقِي جافٌّ، وحذائِي ثقيلٌ؛ بلّلَتْهُ مياهُ البَحْرِ. قَدَمَايَ بَارِدَتَانِ؛ قِطعَتَا جلِيدٍ. جاهَدتُ لأمشي. ارتطمَتْ بي كُرَةٌ طَائِشَةٌ فسقطتُ. اعتذرتْ إليَّ صبيّةٌ بلباسِ البحرِ. ربتتْ على كتفي، سحبتني لأنهض. لم تمنحني كثيرًا من الوقت: «سلامتك»، ومضتْ لتُواصِلَ سِجَالَهَا مع أقرانِهَا.

- حظة، آنستي.

أردتُهَا أن تتوقّفَ كي أكتُبَ أسطُرًا عن مُرَاهِقَةٍ تعيشُ، بالحبّ والكُرَةِ، على أطرَافِ المُحِيطِ، لكنّها واصلتْ ركضَها تنأى عن أوراقي. نظرتُ إلى أعلى. فوق، بعيدًا، كانتْ غُيُومُ الخريفِ تزحَفُ بِبُطءٍ نحوَ فَصْلِ الشّتاءِ. غيومٌ لَنْ تجرّ خلْفَها مواسِمَ الرّبيعِ.

جلستُ في مقهى شَعبيٍ يُطِلُّ على البحرِ. كانَ مُعظَمُ روّادِهِ مِنَ الصيادينَ الذين تأخّرُوا. رائِحَةُ السّمكِ الزّنخَةُ تفوحُ، والدخانُ يغمُرُ المكانَ. طلبْتُ حَسَاءَ الفُولِ بزيتِ الزّيتُونِ والكمونِ والخبزِ الكَامِلِ. أكلتُ حتّى الامتلاء. تبادلْتُ كلماتٍ قليلةً مع النّادل، ثمّ تركتُ مكاني لصيّادٍ عادَ لتوّهِ من البحر.

قرّرتُ أن أعُودَ إلى البيتِ. كنتُ في حاجَةٍ إلى الالتقاءِ بعيّاش. فكّرتُ أنّ حكايتَهُ تستحِقّ أن تُروَى للعالَمِ. مضيتُ عبْرَ الشّوارِعِ، دخلتُ أسوارَ أصيلة، ثمّ خُضتُ في الدّروبِ. اللّونانِ الأبيضُ والأزرقُ يسبغانِ كلّ شيءٍ، ويذوبانِ في الآفاقِ، من أسطُحِ البُيُوتِ والنّوافذِ الصّغيرةِ تتفجّرُ الزّهورُ. «زيليس» مدينةٌ

تقاوِمُ على أطرافِ العالَمِ القديمِ لتبقى صامِدَةً أمامَ بحرِ الظّلُمَاتِ، تستقبِلُ كُلّ صبَاحٍ آلافَ الأرواحِ، وتُحَوّلُها إلى وُرُودٍ على عَتَباتِ البُيُوتِ.

أضعتُ الطّريقَ في الدّرُوبِ الأخيرَةِ. اختَرْتُ سُبُلًا بديلَةً، لكنّني أخفقتُ. ما زِلتُ أذْكُرُ البقّالَ الذي تبضّعتُ منهُ أيّامَ الصّيفِ، وبابَ الحمّامِ التّقليديّ الذي في نهايَةِ الدّربِ. في المُنعطَفِ تتفرّعُ دُرُوبٌ أخرى وتتشابَكُ. سألتُ رَجُلًا مُسِنًّا عن منزل عيّاش. نظرَ إلى بعيدٍ كمن يبحَثُ عن شيءٍ مفقُودٍ. حرّكَ رأسَهُ ثمّ عاد إليّ:

- عيّاش؛ أبو النّاجي.. بيتُه مغلق سنين، يا ابني.

سحب نفسًا من غليونِهِ، ثمّ نظرَ مجدّدًا ناحيةَ البحرِ:

- عيّاش ماتَ قبل سنواتٍ. قبرُهُ هُناكَ، يُطِلُّ على المُحِيطِ.

19
مدينةُ التّسامُحِ

مدريد/ توليدو

16/ 10/ 2018

استيقظَ خوليو بِخاطِرٍ مكسُورٍ على وَقْعِ رَنينِ جرسِ البابِ. باءتْ مُحَاولاتُهُ المُتكرّرةُ لطيّ ملفِّ «مندوسا» بالفشَلِ. ما كان مُمْكِنًا لِقِسْمِ شُرطَةِ مطارِ باراخاس الدّولي أنْ يغضّ الطّرفَ عن خَرْقٍ كهذا. أمْهَلُوهُ وَقْتًا ثمّ اتّبعُوا المساطِرَ. يَعْرِفُ أنّ مندوسا أصبحَ مَبحُوثًا عنهُ، وأنّ مستقبَلَهُ المهنيَّ قد انتهى. قصدَ البابَ بخُطُواتٍ بطيئة. تهاوَى في بضعَةِ أيّامٍ. زوجتُهُ لا تستيقِظُ عادَةً. تُغادِرُ الفراشَ كُلّ يومٍ في اللّحظَةِ التي يقفلُ فيها البابَ، ويُدِيرُ مُحرِّكَ سيّارتِهِ متوجِّهًا إلى المطارِ. في البابِ سألَهُ مستخدَمُ البريدِ عن هويتِهِ، ثمّ سلّمَهُ صُندُوقًا كرتونيًّا وغادَرَ.

انتبَهَ إلى أنّ الصّندوقَ مُرسَلٌ من توليدو. لا يعرِفُ أحدًا في مدينة «تاجة»، كما يحلو له أن يُطلِقَ عليها. مع ذلك، كان مُتحَمِّسًا على نحوٍ غريبٍ للتّعرّفِ على نوعيّة الإرسالية. مَرّ زَمنٌ طويلٌ دُونَ أن يتذكّرهُ أحدٌ. تعودُ آخِرُ الهدايا التي تلقّاها إلى خمسَ عشرَةَ سنَةٍ. كانتْ هديةَ عيدِ ميلادٍ من ربيكا؛ أمِّهِ التي داوَمَتْ على بعثِ هدايَا أعيادِ الميلادِ. تكتُبُ على العُلبَةِ: «حبيبي خوليو، ستظلّ ابنِيَ الصّغير المدلّل إلى موتِي». ماتَتْ ربيكا فشاخَ خوليو دُفعَةً واحِدَةً. توقّفتْ هدايَا عيدِ الميلادِ والزياراتُ المنتظمةُ، وباتَ البابُ مُشرعًا إلى الإحساسِ بالوحدَةِ.

كانت ربيكا جدارًا ضِدّ الحُزنِ والوحدَةِ، وواقِيًا من الصّدمَاتِ.

استعانَ بالمِقَصّ. قطَعَ الغشاءَ البلاستيكيّ السّميكَ، ثمّ فتحَ الصّندوقَ. قرَأَ الورقَةَ التي وقّعها مندوسا؛ «أَعِدْ إلى القِسْمِ سِلاحِيَ الوظيفيّ والبذلة؛ لَمْ أعَدْ ضابِطًا، صديقي». تفحّصَ قِطعَةَ السِّلاحِ بأسى. مَا يُنجِبْ أطفالًا. وَجَدَ في مندوسا الابنَ والصّديقَ والتّلميذَ. بِضَياعِهِ فقدَ أشياء أخرى لَمْ يكن مُستَعِدًّا لتحمّل خسارَتِهَا. «لن يحزَنَ أحدٌ لِموتِكَ»، قال في نفسِهِ. بدا الموتُ خلاصًا رحيمًا من حياةٍ مكرُورَةٍ لا يختلِفُ فيها شيءٌ عن شيءٍ. رَفَعَ سلاحَ زميلِهِ، وَضَعَ الفوهَةَ على جبهتِهِ، ثمّ أغمَضَ عينيهِ.

- خوليو، عزيزي، لا تفعل.

انبعثَ صوتُ إيصابيلا يُذكِّرُ بأيّامِ زَمَنٍ جميلٍ.

في توليدو كان مندوسا يمشي إلى جانب ريم. أُغرِمتْ سريعًا بشوارعِ المدينَةِ الضيقَةِ والدّرُوبِ بمنعرجاتِهَا الحادّةِ. وراءَ كلِّ حبّةِ حصاةٍ يختبِئُ تاريخٌ طويلٌ. أكلا معًا حلوى «المرزبان» الحُلوَة. زارَا كاتدرائيةَ توليدو بِسِحرِهَا القوطي العريقِ، و«جدارية» في الحيِّ اليهوديِّ القدِيمِ تروي حكايَةَ السفارديم بين التّهجيرِ والحقّ في الرّجُوعِ. مِنْ فوق، من أعلى نُقطَةٍ في المدينَةِ، تبدو العِمارَةُ عربيّةً بامتياز، من الدّاخلِ تتشعّبُ الحضاراتُ، وتتداخَلُ الدّياناتُ، وتتلاقَحُ الثّقافاتُ، لتصنَعَ خَلِيطًا بديعًا لا يوجَدُ في غير إسبانيا.

أخذا قهوتَهُمَا في مقهي «بليك هاوس». حدّثَهَا بإسهابٍ عن حكايَةِ توليدو، أو «توليدوث» كما أطلَقَ عليها الرُّومانُ في وصفِهِمْ لمدينَةٍ حصينَةٍ، قبْلَ أن تصيرَ مدينَةَ الأملاكِ مع القُوطِ الذين خصُّوها لكبارِ الدّولَةِ والملاكِ. أضاف يرتشف قهوته بِتَمَعُّنٍ:

- حكَمَهَا العرَبُ فاتّسعتْ لكلّ الثّقافاتِ.

سألته:

- هل زُرتَ فاس ومرّاكش ومكناس وأصيلة وشفشاون؟

نفى، فأردفتْ:

- ستكتشِفُ أنّ توليدو امتدادٌ للمُدُنِ التي توجَدُ على الضفةِ الأخرى.

شعرَ بالرّغبةِ في التّدخينِ، فاستأنفَا المسيرَ. أردَفَ:

- أعرِفُ أنّ تاريخًا واحِدًا يجمَعُ الضفتيْنِ.

- تاريخٌ واحِدٌ، يا مندوسا، وثقافاتٌ مُختَلِفَةٌ.

فكّرتْ أنْ تُحدّثهُ عن أحلامِهَا، وأفكارِ غيتة في أرضٍ مفتوحَةٍ وبُلدَانٍ بلا حَرَسِ حُدُودٍ وعالَمٍ بلا حربٍ، لكنّها آثرتْ أن تترُكَ الحديثَ إلى فُرصَةٍ أخرى. في ساحةِ «زوكودوفر»، بينمَا كانت تستعِيدُ من خلالَ تفاصيلِ المدينَةِ أحياءَ فاس العتيقَة، فاجأها:

- سيكون علينا أن نفترِقَ، يا ريم.

توقّفتْ عن المشي، تطلعتْ إليهِ. استطاعَ خلالَ الأيّامِ القليلةِ التي جمعتهُمَا أن يصنَعَ لنفسِهِ مكانًا في قلبها. «لكنّني أحببتُكَ عن جدّ، يا مندوسا»، قالتْ في نفسِهَا. أطرقَتْ فاسترسَلَ:

- لا بُدّ لَهُم أن يعثرُوا عليّ. لا يمكِنُ للشّرطةِ الإسبانيةِ أن تغضّ الطرف عن خطأ جسيم.

مدّ ذِراعَهُ، عانقها للمرّةِ الأولى. بدا الشابّانِ صديقَينِ حميمَينِ. واصلَ:

- ستكونِينَ بخيرٍ. لن يبحثوا عنكِ. عشراتُ الآلافِ يعيشونَ في إسبانيا بلا وثائق، ولَمْ يسألهم أحدٌ ماذا يفعلونَ. سأترُكُ لك مفاتيحَ البيتِ، ومبلغًا محترَمًا تتدبّرينَ به أمورَكِ إلى حينٍ.

تحدّثت أخيرًا:

- تفكِّرُ في تسليم نفسِكَ؟

- لا، لن أفعلَ.
- ماذا إذن؟

خرجَا من السّوقِ الكبيرِ، تركَا المحلاتِ التّجاريةَ بمعروضاتِهَا المعدنيّةِ الدّمشقيّةِ، وأثوابِهَا ذاتِ الألوان الزّاهيةِ، وانخرطَا في شوارِعَ أكثرَ اتّساعًا. مثلَ فاس تتشابَكُ الدُّرُوبُ، تَضيقُ وتتّسِعُ، لِتَصنَعَ متاهاتٍ جميلَةً. أشعل سيجارة، سحب نفسًا عميقًا. امتزجتِ الكلماتُ بالدخانِ:

- سأجلِسُ وسطَ ساحَةِ «زوكودوفر»، يا ريم، وأرفع لافتَةً كبيرَةً مكتوبٌ عليها: «لقد سمحتُ لفتاةٍ إسبانيّةٍ هُجِّرَ أهلها قبل خمسةِ قُرُونٍ بالعودَةِ إلى أرضِهَا. ستُحاكِمُنِي السّلُطاتُ. ليجلِسْ إلى جانِبِي كُلُّ من يُرَحّبُ بأبناءِ إسبانيا في الشّتَاتِ».

20

الصّفقَة

أصيلة

2018/10/16

«ليس بعد الآن، يا أمين»، قلتُ في نفسي وأنا أَقِفُ في مُواجَهَةِ المُحيطِ. كانتِ المرّةَ الأولى التي أشعر فيها بسلام داخليّ تامّ. خرَجَ المُهرّب مُتَسللًا من بين الصّخورِ. فوانيسُ المنارة التي في أعلى المرتفع تدُورُ بانتظام، تُقَابِلُ بحرَ الظّلمات؛ تغمِزُ وتُولِي إلى الوجهة الأخرى. الرّيحُ، رغم ليلِ الخريفِ، فاترَةٌ، تَصْلُحُ لأماسِي الشّعرِ ومُمَارَسَةِ الحبّ تحتَ نوافِذَ مفتوحة. رائِحَةُ البحر نافذةٌ؛ تغمُرُ كلّ شيءٍ وتَسْرِي إلى الأعماقِ.

- محظوظٌ أنتَ، طقسٌ مثاليٌّ للإبحارِ.

قال يُحصِي غلّتَهُ. لم يكن في حاجة للضّوء كي يَعُدّ الأوراقَ. يعرفُ قيمة كلّ ورقَةٍ من ملمَسِهَا. دسّها في جيبٍ داخليّ لجاكيته الجِلْدِ الأسودِ، وأشار إلى البحر ثمّ مضى يسبِقُنِي.

كانت صفقةً مُربِحَةً بالنّسبة له، وسريعَةً بالنّسبَةِ لي. ستّةُ ملايين سنتيم ثمَنُ الزّورَقِ، ومليون إضافي لقاء بقيّة الخدمات. اشترطَ يفركُ يديه عندما التقينا في مقهى «خطانة» الرّاقِدِ على أطرافِ المدينَةِ:

- نِصفُ المبلَغِ على الطّاولَةِ، ورقَةٌ فوق ورقَةٍ، والنّصفُ الثّاني قبل صعود الزّورقِ.

اعترضتُ:

- ما الضّمانات؟

التفتَ إلى الخلْفِ، نظَرَ إلى صاحِبِ المقهى، تبادلا ابتساماتٍ ساخِرَةً. قال يغمزُ:

- السيّدُ يُرِيدُ ضمانات.

ارتفعتْ ضحكاتُ الروادِ. ترك صاحِبُ المقهى المنضدَةَ وتقدّمَ نحونا. كان نحيفًا، مشدُودَ العضلاتِ، أبلَقَ الوجهِ، طويلَ القامَةِ، في عينِهِ اليسرى عيبٌ خلقيّ، وفي ذراعيْهِ وِشامٌ تحكي قصّةَ رجُلٍ متنطّعٍ عمّر طويلًا في السّجونِ. فكّرتُ أن أجرّه إلى عالمي، تردّدتُ. كانتْ مسوّداتِي قد أشرَفتْ على الاكتمالِ، ولا تتّسِعُ لمزيدٍ. قال يسخَرُ مني:

- تكاتبا لدى موثّقٍ محلّفٍ، ثمّ أخْبِرَا الشّرطَةَ بالمكانِ والموعِدِ ليؤمّنَ رِجَالُ المخزَنِ الصّفقَةَ.

ضجّ المكانُ أكثرَ، تزاحمَتِ الكلماتُ وارتفعَ رنينُ كؤوسٍ تحتفِلُ برجُلٍ مُغفّلٍ. رفَعَ الأبلَقُ يدَهُ فسادَ الصّمتُ. أدركتُ أنّ لَهُ سطوةً على الجميعِ. سحب الكرسيّ وجلسَ:

- اسمَعْ، كلّ شيء يتمّ هنا خارج القانون، وبلا ضمانات، إمّا أن تقبلَ وتدفعَ، أو ترفُضَ وترحلَ. مِنْ هنا يمرّ النّاس عبْرَ المعابرِ الخلفيّةِ للعالم. لا سفارات ولا قنصليات ولا جوازات سفر. كلّ شيءٍ يسقُطُ. جِنسٌ بلا زواج، وصفقاتٌ بلا عُقُودٍ، وجرائِمُ بلا محاكمَاتٍ.

أذعنتُ. دفعتُ نِصْفَ المبلغ مساء في حُضُورِ الرّجلِ الأبلَقِ وفتاةٍ قاصرٍ من بناتِ الجَبَلِ اللّواتِي نزلنَ للخدمَةِ في البُيُوتِ، فوجدنَ أنفُسَهُنّ في دُورِ

الدّعارة. باحتفالية نفخَ المهرّبُ صاحبَهُ عدّة أوراقٍ وعانقَ الصّبيّةَ؛ قبّلها بِشَهوانيةٍ تثيرُ التّقزّزَ، ثمّ دسّ حُزمَةَ أوراقٍ بين نهديْهَا. تلا عليها عدّةَ وصايَا:

- استحمّي وتعطّري، وأعدّي العشاءَ ولوازم السّرير.

كانت حديثة العهد بمقاهي الدّعارَةِ. علّقتْ بامتعاضٍ:

- أعرِفُ، هنّي بالَك.

اندفع المُهرّب بين الصّخور، انزلق بينها بخفّة كلاب الصّيد. رغم سُمنَتِهِ الزّائدة وعُقُودِهِ الخمسة كان رشيقًا يتحرّكُ بلا عناءٍ. صوّبَ ضوءَ الكشّاف نحو القارب الذي استمرّ يتقلقَلُ بفعل الموج. كانت الرّيحُ خفيفةً، والسّماءُ رائقةً، وهديرُ البحرِ مَرِنًا يغسلُ كلّ شيءٍ. مِنْ تلٍّ قريبٍ ارتفعَ آذانُ صلاةِ العشاءِ يطلُبُ مؤمنينَ ما عادوا يلبّونَ النّداءَ.

- أسرِعْ، لا نريدُ مشكِلَات، اركبِ الزّورقَ وارحل.

نزلتُ الصّخور بحَذَرٍ. سحَبَ الحبلَ إلى أن حاذى الزّورقُ الشّطَّ فقفزتُ. تمايلَ الزّورقُ أكثر، ثمّ عاد لينسجم مع حركة الموج. رمى الحقيبةَ وسُتْرَةَ النّجاةِ وقناني الماءِ وزادَ «الحرّاكة»؛ التّينُ المُجَفّفُ والتّمرُ وعُلَبُ التّبغ، إلى سطحِ الزّورقِ. حملتُ عُلَبَ السّجائر. قلتُ لَهُ:

- أنا لا أدخّن.

- كلّ «الحرّاكة» يدخّنون.

- أنا لا أفعل.

- أنت مختلفٌ، لكنّك ستلقى المصيرَ نفسَهُ.

أغلَبُ الذين انطلقوا من المكان نفْسِهِ لَمْ يصِلُوا إلى البرّ الآخَرِ، ولا عادُوا مِنْ حيثُ أبحَرُوا. في كُلّ البُيُوتِ المتناثرةِ على الجبال المُطِلّة على المحيط ذكرى مفقودين، وأمّهات موجوعات ما زلن رابضات في عتبات

بيوتهنّ يحلمن بعودة أبناءٍ أَكَلَهُمُ الموتُ سنينَ خلتْ. يعرِفُ العبّاسُ، أكثَرَ من غيرِهِ، أنّ معظَمَ الرّاحلينَ يغادِرُونَ إلى الأبَدِ. لَمْ يَعُدْ يُفرّقُ بين الوجوهِ. يسألُهُ أهالي الغرقى عن أبنائهم، يعرضون عليه صُوَرًا، لكنّهُ لا يميّزُ الواحِدَ عن الآخَرِ. موتٌ دافِقٌ، كنهرٍ جارٍ، يجرفُ الجميعَ، ولا يوفّرُ أحدًا. هذا الرّجلُ لا يتعاطَفُ مع الفارّينَ من الجحيمِ. موتُهُم يُغنيه. هلكى يطرَحُهُم البحرُ هنا، على ضفافِ أرضٍ قاسِيَةٍ، يلفظُهُمُ الموجُ مثل حيواناتٍ نافقَةٍ ليحشَرُوا في الأرض التي هربُوا منها. آخرُونَ يدفَنُونَ في مقابِرَ على مدّ البصرِ في البرّ الآخر بهويّاتٍ مجهولةٍ. كثيرٌ من ساكنة الشّمالِ لا تمانع في أنْ تدفَنَ تحت التّرابِ الإيبيريّ. يؤمِنُونَ أنّهُمُ في ترابِهِمُ، على أرضهم التي هُجِّرُوا منها قبل قُرُونٍ بعيدةٍ، وبينَ أشقّائِهِمُ في الدّمِ.

قذفتُهُ بكيسِ عُلَبِ السّجائِرِ.

- خذ سجائرَكَ.

تلقّفها. على الجبال كان اللّيْلُ قِطْعَةً من فحمٍ، يرسم عالمًا أسود على أرض ما عاد فيها موطئ لمسة للحالمين بالجمالِ. في مقابل ضحكاته، كانت الجبال تبكي الرّاكبين إلى الموت. سحبْتُ حَبْلَ التّدويرِ، كحكحَ المُحرّكُ ثمّ دار فارتفعَ الصّخبُ من بطنِ الماءِ فجًّا. اندفعتُ أُبْحِرُ بالزّورَقِ. تناهى إليّ صوتُ العبّاس:

- إلى الجحيمِ.

استدرتُ، رأيتُهُ، تحتَ ضَوْءِ المنارَةِ الزّاحفِ، مثل جُرَذٍ سمينٍ يقفِزُ صُعُودًا إلى المسرب. المُحيطُ يُغْرِي، في نهاياتِهِ تُوجَدُ أرضُ الأسلافِ الموعودَةُ. نظرتُ أمامي ثمّ تابعتُ الإبحارَ وقد تضاعفَتْ سرعَةُ الزّورقِ. عندما التفتُّ مرّة ثانيةً إلى الخلفِ، لَمْ أرَ شيئًا على الإطلاقِ، كأنّ الأرضَ التي غادرتُ تتنصّلُ من ذكرايَ.

ابتعدَ الزّورقُ بما يكفي عن الشّطّ، وتراكمتِ المياَهُ بيني وبينَ البَرّ. تراجعَ المَاضِي، غمَرَتِ المياَهُ ما تبقّى من ذاكِرَةِ الأستاذِ الذي كنتُه. غمرتِ المياهُ الإنسانَ النّزِقَ وأكاذيبَ كثيرَةً لازمتني على مدى العُمُرِ.

21
زَوْرَقُ المَوتِ

المُحِيطُ الأطلسيّ

17 - 24/10/2018

طلعتِ الشّمسُ متأخّرةً عن كلّ اللّيالي التي عرفتُ من قبل. أنهكني اللّيْلُ، وَجَبَ الاعتراف، وساورَنِي شيءٌ مِنَ النّدمِ.

كابرتُ.

لا ضَيْرَ، سأقرّ بأنّني بكيتُ. تعطّلَ مُحَرّك الزّوْرَقِ فابتأسْتُ. بكيتُ بِمَرَارَةٍ. تحْتَ سماءٍ بلا غُيُومٍ تحوّلتِ النّجُومُ إلى غرقى. رأيتُ فيها المغدُورِينَ الذينَ جاءُوا إلى البحرِ يَحلمُونَ بالغَدِ، فانتهتْ رِحلَتُهُم على خِلافِ ما حَسِبُوا.

أمّي، لقد أبحرتُ منذ قرّرتُ كتابَةَ الرّوايَةِ الأولى. ما كان أمامِيَ مِنْ خِيَارٍ؛ إمّا أنْ أقبَلَ بالحياةِ المرسومَةِ على سيرَةِ الأوّلِينَ أو أجنَحَ بعيدًا إلى عُرْضِ المُحِيطِ.

مرّ يومٌ طويلٌ. لم أكتُب إلا لِمَامًا. فِي المُقَابلِ، اشتعَلَتِ الذّاكرَةُ فاسترجعتُ ذِكرياتٍ كثيرةً. أعترفُ كذلك أنّني شككتُ في جدوى الكِتَابَةِ. لَمْ يسبِقْ أن اقترفتُ خطيئَةً بِمِثْلِ هذا السُّوءِ.

الغرُوبُ كان الأكثرَ وطأةً على النّفس. تُقْتُ للتّطلّعِ إلى الشّمسِ تغرُبُ خلْفَ الجبَلِ. أذعنتُ للحقيقَةِ؛ أجرمتُ في حَقِّ نفسِي بالرّكُوبِ في زورقٍ جلبَهُ رجلٌ مشبُوهٌ.

عندما سقطَ الظّلامُ، وعادتِ النّجُومُ لتملأ السّماءَ، كانَ رجُلٌ جديدٌ قد وُلِدَ. شعرتُ بالرّغبة في الحياة، وتمنّيتُ لو تُتَاحُ لي فرصَةٌ أخرى؛ أن يُفتَحَ في وجهي بابٌ آخَرُ يُعِيدُنِي إلى الأرض.

الموتُ ليس خيارًا صائِبًا، يا غيتة.

نمتُ مُرغَمًا. في منامي لَمْ أحلمْ بغيرِ البَرِّ. رأيتُ أرضًا شاسِعَةً تملأها الخُضرَةُ على مدّ البصَرِ. لمّا فتحتُ عينيّ على البحر بكيتُ مجدّدًا؛ بكيتُ أرضًا تأكلُ أبناءَها.

غضبتُ. لم تزرني غيتة، لا في الحُلُمِ ولا كطَيْفٍ في اليَقَظَةِ.

ثمّ فقَدَ الزّمنُ معناهُ. دارتِ الشّمسُ مرّاتٍ، في كلّ دورةٍ تُشْرِقُ فتُحيِي داخلي أشجانًا. انتهى ما معي من مئونة وماءٍ، أنهكني الجُوعُ وهدّني العطَشُ. أكتبُ الآنَ بِصُعُوبَةٍ، عيناي غائمتَانِ، لعلّي أفقِدُ وَعْيِي فتضيعَ الأسطُرُ الأخيرَةُ.

تمدّدتُ على ظهري. السّماءُ غائِمَةٌ والضّبابُ كثيفٌ، لكنّها لَمْ تُمطِرْ. إذا فعلَتْ تمنَحُنِي أيّامًا من البقاءِ. الموجُ هادئ، يدفَعُ الزّورق بِرِفْقٍ. رأيتُ طيُورًا تحلِّقُ، وسَطَ الضّباب، على مستوى منخفضٍ، لكنّني لم أسمعْ أصواتَها. مرّتْ كذكرياتٍ خرساء بائسة.

هل تُعيدُني الكلماتُ إلى الحياةِ؟

سأضَعُ الأوراقَ في كيسٍ، أُغلِقُ عليها بإحكامٍ وأشدُّهَا إلى مِقْوَدِ الزّورقِ. سيَصِلُ الزّورَقُ يومًا إلى البرّ، وتَصِلُ فيه حكايتي في صيغةٍ منضّدَةٍ، وبغلافٍ أنيقٍ، يُشبِهُ الرّواياتِ العالمية المترجمة، إلى دُورِ النّشرِ والمكتباتِ. أعرف أنّ الزّوارقَ، مثل الخيُولِ، إذا ما ماتَ أصحابُهَا تعودُ إلى مرابضِهَا.

استرجعتُ وعيي، لا أعرِفُ كَمْ مَضَى مِنْ وقتٍ. حَلْقِي جافٌّ وذاكِرَتِي مشوّشةٌ. مضيتُ، في أحلامٍ مُبَعثرةٍ، إلى تُخُومِ الموتِ، عبَرتُ خُطُوطَ التّماسِّ،

لكنّني عُدْتُ؛ قفَلتُ راجِعًا. هل يكونُ لهذا معنى ما؟ لعلّ زورقِي يجنَحُ إلى البَرّ فأنجو.

«غيتة، تتذكّرينَ قُبْلَتِي الأولى، شَبَقَ اللّقاءِ الأوّلِ. كنتِ في السيارة، إلى جانبي. نظرتُ إليكِ ويدِي على العجلَةِ، نبّهتِنِي إلى الطّريق. ما رفعتُ عينيّ عنكِ. عندما سألتني: (ألا تخشى الموتَ؟)، أجبتُكِ بصِدْقٍ: (الموتُ في حضرَتِكِ نزهة). ضحكتِ. كنتِ مقتنعَةً بي، على إيمانٍ جازِمٍ بأنّنِي لا أرَواِدُ طالبةً لأجل مُتعَةِ سريرٍ. كُنّا بِجَسَدَيْنَا نتحدّى حدُودًا أخرى، تلك التي رسمَتْهَا الأعرافُ والتّقاليدُ وكرّستها القوانينُ.

- بين الموتِ والحياةِ حدودٌ، حبيبتي. كسَرْتِها. صِرْتِ أكثَرَ حياةً في كَنَفِ الموتِ. هل أُفْلِحُ فأبقى كما بقيتِ؟».

ما زالَ البحرُ مترّفِقًا، ولّى نهارٌ واستتبّ اللّيلُ. بلغتنِي ترانيمُ الطّفُولَةِ، صوتُ أمّي وهي تُنشِدُ على الفراش كي أُغْمِضَ: «نَمْ يا حبيبي، نَمْ». ردّدتُ بدَوْرِي معها. أعرِفُ الآنَ أنّني إِذَا ما نِمْتُ لن أستيقِظَ أبدًا. انتبهتُ للمرّةِ الأولى إلى أنّ غيتة تُشبِهُ أمّي. غيتة بِدَوْرِهَا كانت تُغَنِّي لي. نتمدّدُ مُنهكَينِ على السّريرِ فتشرَعُ في الغِنَاءِ. كانتْ مَهْوُوسَةً بالموشّحاتِ، تُتْقِنُ الطّرَبَ الغرناطيّ وتعشَقُ النّايَ.

بذلتُ جُهدًا مُضاعَفًا لأسترخِي. صارَ عليّ أن أتقبّلَ الموتَ، أُطَبِّعَ علاقَتِي به كي أعبرَ بسلام إلى الضفة الأخرى. حركَةُ الزّورَقِ على الماءِ هادِئَة وديعَة، كَيَدِ أمٍّ تُهدهِدُ مَهْدَ رَضِيعٍ. سقطَ مطَرٌ خفيفٌ، بلّلَ جسدي، فغفوتُ. بلا أحلامٍ ولا هلوساتٍ عُدْتُ. السّماءُ أقربُ والضّبابُ أكثفُ. شمَمْتُ رائحة البرّ، حَملَتِ الرّيحُ شذى شجر الأرز والبلّوطِ ونباتاتِ الدّفلى، أو لعلّها أوهامُ اليابس التي تُرَاوِدُ التّائهين في مياهِ البِحَارِ.

قبْلَ شهورٍ قليلةٍ رأيتُ شريطًا قَصِيرًا لبحّارَةٍ إسبان يُنقِذُونَ مهاجرًا مغربيًّا قرّرَ خوْضَ المُغَامَرَةِ بقارب بلا مُحَرّكٍ ولا مجاديفَ. جدّفَ بيديه. كان أشْبَهَ بجنديّ يدخُلُ حربًا طاحِنَةً بلا بندقيّةٍ. بكيتُ وَهُم يرفعونَهُ إلى سطح المركب. ناوَلُوهُ ماء وحبَّةَ موزٍ. أحَدُ البحّارة تطوّع ومنحَهُ مِعطَفًا ليتدفأ. بكيتُ بمرارَةٍ. شعرتُ بالقهر والذّلّ ومأساةِ شابٍّ ركب قاربًا مطاطيًّا وجدّفَ بيديهِ ليرحَلَ عن أرضِهِ وناسِهِ وماضِيهِ لقاءَ حُلُم بعيشٍ بسيطٍ. لا أريدُ أن يُصادِفَنِي مركَبُ صيدٍ، ولا أن ينتشلني بحّارَةٌ إسبانٌ يعطفُونَ عليّ. في عطفِهِم قهرٌ مضاعَفٌ وقسوَةٌ لا حدُودَ لها. أفضّلُ أن أموتَ قويًّا مثلما تخيّلتُ موتِي منذ كنتُ صبيًّا صغيرًا. «كما تموتُ ترسَخُ في الأذهانِ»، آمنتُ.

سقطتِ الشّمس. أعرفُ أنّه الغروبُ الأخيرُ. عذرًا يا حسناء، لا تبكيني، أنا لا أستحقّ دموعَكِ. عذرًا ولَدَيّ، لعلّكُمَا تجدان في ما أخلّفُ من حُرُوفٍ شيئًا من عزَاءٍ.

حاولتُ أن أميلَ على جانبي الأيسر كما كنتُ أنام، على خلاف كلّ وصايا أبي وأمّي، أيّامَ الصّبا. الاتّكاءُ على الكتف الأيسر يستدعي ذكرياتٍ رائقةً، رائِحَةَ أمّي، وطُفُولَتِي.

عُذرًا أمّي؛ خذلتُكِ.

انتصَفَ اللّيلُ وتراجَعَ خفقانُ قلبي. لَمْ أَعُدْ أشعرُ بقدميّ، مِنْ بَعِيدٍ، كحُلمٍ، تناهى إليّ هديرُ سفينَةٍ تمخُرُ مياهَ المُحِيطِ. شَتَتِ السّماءُ أكثرَ وتراجَعَ البردُ. أمسكتُ بطرَفِ الزّورَقِ، كابرتُ لأرفَعَ رأسي. بين أمواج الضّبابِ التي تتكاثفُ وتتفسّخُ لاحَ نورُ سفينَةٍ تتقدّمُ ببطءٍ. أمعنْتُ النّظَرَ وانتظرْتُ أن تقترِبَ أكثَرَ. رأيتُ الفوانِيسَ الكبيرةَ المُعلّقَةَ تحت الصّوارِي والأشرِعَةَ الضّخمَةَ وألويَةَ سفينَةِ إيالةِ الجزائِرِ كمَا قرأتُ عنها في كُتُبِ التّاريخِ والمصادِرِ. هل

تكونُ السّفينَة التي حدّثني عنها جدِّي حقيقة؟ وهل يكون بإمكاني أن أركَبَ السّفِينَةَ نفسَهَا لأعيشَ الماضي كما كانَ؟

تابعتُ الأضواءَ تقترِبُ بِبُطءٍ وهدُوءٍ. دَنَتِ السّفينَةُ بما يكفي لأميّزَ هاماتِ الرّجالِ الواقِفِينَ بِعُيُونٍ شاخِصَةٍ تترقّبُ العُدوَةَ السّفلى. مرّتْ بثباتٍ وثقَةٍ تقصدُ شواطِئَ المغربِ. عندما استفقْتُ مِنْ دهشتي كان الضّبابُ والظّلامُ قد لفّاها تمَامًا.

لَمْ أَنمْ. أنعشني المطَرُ الخفيفُ. لن أفكّرَ في الحياةِ، الموتُ أقرَبُ. لاح نُورُ الفجرِ فأخرجتُ آخِرَ الأوراقِ. أدركتُ أنّها فُرصَتِي الأخيرَةُ لِتُلامِسَ ريمُ المُبتَغَى، وأصِلَ بالحكايَةِ إلى البرّ. راودتني فِكْرَةُ البابِ الخلفِيّ الأخيرِ فأقبَلْتُ.

22
كوكبَةُ ساحَةَ زوكودوفر

توليدو

2018 /10 /24

فِي جانبٍ من ساحَةِ «زوكودوفر» الواسعَةِ كانتْ طفلةٌ نحيفَةٌ تعزفُ ببراعة على الكَمَانِ، حَوْلَهَا تجمْهَرَ مُعجبُونَ بأعدادٍ كثِيرَةٍ مِنْ محليِّينَ وتُجَّارٍ وسيّاحٍ أجانِبَ. نَسِيَ بعضُهم محلاتِهِمُ بلا حِراسَةٍ، وتأخّرَ آخرُونَ عن مشاوِيرِهِمُ ليتمتّعُوا بالعزفِ إلى نهايَتِهِ. رغم سِنِّهَا الصّغيرة كانتْ بارعَةً تمامًا، مُبدعةً، تعزِفُ بإيقاعَاتٍ عميقَة، مغمضَةَ العينيْنِ خاشِعَةً.

«غُصْنُ الزّيتُونِ»، كما أطلَقَ عليها والِدُهَا، كانتْ ابنَةً لِزوَاجٍ بينَ مُهاجِرَينِ مِنَ الشّمالِ الإفريقيّ. أَبٌ ليبيٌّ من «سِرْتْ» فرّ مِن جَحِيمِ الحربِ الأهليّةِ التي أعقبَتْ سُقُوطَ النّظَامِ، وأمّ مغربية مِنْ عامِلاتِ حُقُولِ الفراوِلَةِ.

آمنَ الرّجلُ اللّيبيُّ الهارِبُ أنَّ الثّورَةَ لَمْ تَنشَب إلا لِتُولَد «غُصنُ الزّيتُونِ»، وآمنتْ عامِلَةُ حُقُولِ الفراولَةِ أنها لم تترمّل في المغرِبِ إلا لتُنجب «غصنَ الزّيتونِ». مندوسا رأى فيها هديّةً جاءَتْ فِي وقتِهَا لتَجْعَلَ النّاسَ أكثَرَ استعدَادًا لِمَا جاءَ يهْدِفُ إليهِ فِي ساحَةِ «زوكودوفر».

خرِيفُ تُولِيدُو رائقٌ. يُضَيِّقُ نَهْرُ «تاجة» الخِنَاقَ على الزّمَنِ فتُحكِمُ المَدِينَةُ قبْضَتَهَا على الفُصُولِ. تمضِي بِبُطءٍ، تتسرّبُ على مَهْلٍ، ولا تنقَضِي حتّى تُشْبعَ شهوَةَ أبنائِهَا والزوارِ.

على مسافَةِ أمتارٍ كانَ شابٌ مُمْتلِئٌ بالحياةِ، واثِقٌ في الغَدِ، يَجلِسُ رافِعًا لافِتَةً كبِيرَةً كُتِبَ عليها بِخَطٍّ عريضٍ:

«أنا مندوسا سيباطا، ضابِطٌ فِي شُرطَةِ مطارِ باراخاس، سمحتُ قبْل أيّامٍ لِفَتَاةٍ إسبانيةٍ هُجِّرَ أهلُها منذُ خمسَةِ قُرُونٍ بالعَودَةِ إلى أرضِهَا. سَتُحاكِمُنِي السُّلُطاتُ. ليجلِسْ إلى جانِبِي كُلّ مَنْ يُرَحّبُ بأبنَاءِ إسبانيا في الشّتَاتِ».

إلى جانِبِهِ جلسَتْ فتاةٌ جميلَةٌ أنيقَةٌ، مِثْلَ مدينَةِ توليدو، يَكْشِفُ وَجهُهَا ثقافاتٍ وانتماء لأكثَرَ مِنْ حضارَةٍ. رفعتْ بدَورِهَا لافتَةً كبيرَةً كُتِبَتْ عليهَا:

«أنا ريم كيليطو، فتاةٌ إسبانيةٌ من المغرِبِ، وَفَدَ أجدادِي مُرغَمِينَ قبْلَ خمسَةِ قُرُونٍ إلى شمالِ إفريقيَا، إِثْرَ قرارٍ سياسيٍّ مُجْحِفٍ بالطّردِ. لَمْ آتِ طلَبًا لِعَمَلٍ، ولا لأجلِ عيْشٍ أفضَلَ، جئتُ لأبلِغَ صوتَ أجدادِي؛ إنّنَا مِنْ هُنَا قَدِمنا ولنا الحَقُّ في الرُّجُوعِ. لِيَجلِسْ إلى جانِبِي كُلّ مَنْ يُؤمِنُ بِعَدَالَةِ قضيّتِي».

في غَمْرَةِ انغماسِهَا الكامِلِ في طُقُوسِ معركَتِهَا تنَاهى إليها هَدِيرُ البحرِ واضِحًا. استغربَتْ، لَمْ ترَ غير النّهرِ منذ دخلَتْ توليدو. التفتَتْ إلى رَفِيقِهَا:

- هل يوجَدُ البحرُ على مشارِفِ توليدو؟

ما سَمِعَها جيّدًا. أدركتْ أنّهُ مأخُوذٌ بإيقاعاتِ العازِفَةِ الصّغيرةِ فآثرتِ الصّمت. انتبهتْ أخيرًا، وَهِيَ تعودُ إلى نفسِها، إلى أنّ الصّوتَ ينبعِثُ مِنْ داخِلِهَا. غاصَتْ بعيدًا في أعمَاقِهَا. غيتة كانتْ تفعَلُ الشّيءَ نفسَهُ؛ تغُوصُ في أعماقِهَا لِتَرى العالَمَ أوضحَ. عندما أطلّتْ على السّاحَةِ مُجدّدًا كانتْ أكثر إيمانًا بأنّهَا لَمْ تأتِ إلى الوجودِ إلا لتُكمِلَ سيرة صاحبَتِهَا.

«نعم، أنا قطعَةٌ مِنْ تاريخِكِ، حبيبتي»، قالتْ بِصَوتٍ خافتٍ. التفتَ مندوسا نحوها ثانيةً. رآها أجمل مِمّا سبَقَ، وتمنّى أن تُسعِفَهُ السياقاتُ فيتخطّى محنتَهُ ليعِيشَ معَهَا إلى الأبَدِ. سألَهَا:

- ماذا؟
- لا شيء، لا شيء عزيزي.

دفعتِ الرّيحُ مزيدًا مِنَ أوراقِ الشّجَرِ؛ صفراء، وزاهية، وداكنة أقرَب إلى لونِ التُّرابِ. الموسيقى الوديعَةُ والطّفلَةُ ذاتُ الملامِحِ البريئَةِ منحَتِ المشهَدَ ما يحتاجُ ليَفِيضَ الحُبُّ. ارتفَعَ الإيقاعُ وتمايَلَ جَسَدُ العازفَةِ الصّغيرَةِ كغُصْنٍ تجذبُهُ الرّيحُ قبْلَ أن يرتَخِي، فتحتْ عينيها تنظُرُ إلى السّمَاءِ. عمّ صمْتُ اللّحظاتِ الأولى، أعقبَهُ التّصفِيقُ. حينها انتبَهَ المُتَحلّقُونَ للافِتَتَانِ المرفُوعَتَانِ. احتضنَتِ الطّفْلَةُ كمانَها وسارَتْ بِبُطْءٍ، بِرَأسٍ مرفوعٍ، نحو الشّابّينِ، وضعَتِ الكمانَ ثمّ جلسَتْ بينهُمَا. التقَطَ عدد مِنَ المُتَابِعِينَ كثيرًا مِنَ الصُّوَرِ التي ستَجُوبُ العَالَمَ.

لعلّ الطّفلَةَ الصّغيرَةَ استفزّتْ شهامَةَ الكِبَارِ فأقبَلُوا. بَكَتْ ريمُ ابتِهاجًا والرّجالُ والنّساءُ من مُختلَفِ الأعمَارِ يُعِيدُونَ عليها العِبارَةَ نفسَهَا: «مرحبًا بكِ في وطَنِكِ». مندوسا كانَ فَخُورًا مثلما لَمْ يَكُنْ مِنْ قَبْلُ. لقَدْ أدّى الواجِبَ، ولن يندَمَ يومًا. أيُّ خسَارَةٍ تأتي بعدَ رِبْحٍ خالِصٍ لا تعني لَهُ الكثيرَ.

اخترَقَ المُتَجمهرينَ رَجُلُ شُرْطَةٍ جاءَ بعد نِقَاشٍ طويلٍ دامَ ساعاتٍ أمسِ. ارتفعَ التّصفيرُ قبْلَ أَنْ يتحوّلَ إلى تشجيعٍ. صافَحَ خوليو زميلَهُ:

- أنا فخُورٌ بِكَ.

ثمّ عانَقَ الفتاةَ.

- مرحبًا بكِ في وطنِكِ.

كان الشّرطِيّ الثّاني الذي سيفقِدُ مهنَتَهُ لأجلِ القضيّةِ نفسِهَا في قائِمَةٍ ستطُولُ.

23
البابُ الخلفِيّ الأخيرُ

طنجة

2018/10/24

ارتدى البذلة على مضضٍ. محسن ما كان يودُّ أن يكونَ ضابِطًا في صُفُوفِ الشُّرطَةِ، راودَتهُ أفكَارٌ كثيرَةٌ عن مُستقبَلٍ مُغَايرٍ؛ أن يكُونَ مُوظّفَ استِقبالٍ في فُندُقٍ مُصَنّفٍ، فيتحدّثَ إلى نِسَاءٍ من مُختلَفِ الجنسياتِ، ويُرَاوِدَ الصّبايَا اليافِعَاتِ عند نهايَةِ الدّوامِ؛ أو صحفيًّا تَابِعًا لقناةٍ دوليّةٍ تسمَحُ لَهُ بالسّفرِ والتّنقّلِ بين بُلدانِ العالَمِ. يُرِيدُ أنْ يتعرّف إلى كثيرٍ مِنَ النّساءِ. نساءٌ مختلفاتٌ في كلّ شيءٍ. رَغْبَتُهُ الجنسيّةُ هائِلَةٌ، ولا يَعتَقِدُ أنّها تخبُو يومًا. أحيانًا فكّرَ في مِهنَةِ التّدريسِ؛ أنْ يكُونَ أستاذًا في قُرَى بعيدَةٍ نائيةٍ لا يسمَعُ عنها أَهْلُ المُدُنِ. يَعْمَلُ بِجِدٍّ ثمّ يَعُودُ في العُطَلِ إلى مدينتِهِ، لِيَشْرَبَ فناجينَ القهوَةِ مع زُمَلائِهِ القُدامَى، ويحكي لَهُمُ عن طبائِعِ سُكّانِ القُرَى المعزولَةِ فِي أقاصِي الجَنُوبِ؛ أو أكاديميًّا جامعيًّا يتشرّفُ بإلقاء محاضراتٍ شهيرَةٍ يحضُرُهَا الطّلبَةُ والمهتمُّونَ من كلّ الشُّعَبِ. خابَ ظَنُّهُ. لَمْ يحدث شيءٌ مِمّا توقّعَ، نجَحَ محسن في سِلْكِ الشّرطةِ، وتحوّلَ إلى شرطيٍّ بزيٍّ رسميٍّ، وقِطعَةِ سِلاحٍ ناريٍّ محشوّة بِستّ رصاصاتٍ نحاسيةٍ، ودوامٍ روتينيّ يُعِيدُ فيه اليومُ الأمسَ بإخلاصِ العبد للسّيِّدِ. التفتَ إلى زوجتهِ التي لا تزال نائمَةً في سريرِهَا. لن يراها طيلَةَ ساعاتِ اليومِ، عندمَا يعُودُ لا بُدَّ أَنْ تُثقِلَ عليهِ بالشّكوى. ستُحاوِلُ

مرّةً أخرى، بلا يأسٍ، أنْ تُقْنِعَهُ بالهِجرَةِ إلى ألمانيا، حيثُ تُقِيمُ أختُها الكُبْرَى، أو إلى كندا التي تفتَحُ أبوابَهَا للمُوَظّفينَ وأبنائِهِمُ بامتيازاتٍ مغريةٍ وشُرُوطٍ ميسّرَة.

- لا أريدُ أنْ أربّي أبنائِي هُنَا، ولا أنْ أشيخَ على هذِهِ الأرضِ، يا محسن. أمّي ماتَتْ مُهْملَةً في مستشفى تملؤهُ العفونةُ والقطَطُ، وأبي الذي أفنى عُمُرَهُ في العَمَلِ الشّاقِّ خرَجَ بتقاعُدٍ هزيلٍ، ثمّ ماتَ بِدَاءِ فُقدَانِ الذّاكِرَةِ. أعرفُ أنّهُ تواطَأَ مع المرضِ لينسَى العالَمَ وحِكَايَةً بائِسَةً لرَجُلٍ لَمْ يَخبرْ طَعْمَ الحيَاةِ.

سيُجيبها بأنّهُ لا يستطِيعُ. تَغضَبُ. ينزَعُ بذلتَهُ، ويضعُ السّلاحَ في الجارُورِ، ويُقْفِلُ عليهِ بمفتاحٍ لا يملكُ أحدٌ غيرهُ نسخَةً عنهُ. ينظرُ إليها متفهِّمًا هواجِسَهَا:

- أخشى مِنَ الغُربَةِ، يا مبروكة، أنا ابن هذِهِ الأرضِ، ولا أرِيدُ أَنْ أموتَ بعيدًا عنها.
- سنموتُ هُنَا كمَدًا، يا محسن، سنموتُ بالتّقسيطِ، مُكرَهِينَ على حياةٍ بطَعْمِ الخراءِ. أريدُ أنْ أستيقِظَ صباحًا بلا خَوْفٍ مِنْ يومِ غَدٍ، وأخرجَ لأتبضّعَ بلا حسابَاتِ آخرِ الشّهر.

يُجَاهِدُ لينسَى. يلتَفِتُ إلى ابنتِهِ ذاتِ الأربَعِ سنَوَاتٍ. لن يُقبّلَهَا. يَعرِفُ أنّهُ مُخطِئٌ في حقِّهَا. يتطلّعُ إلى وَجْهِهِ في المرآةِ؛ كبُرَ كثيرًا في بِضْعِ سنين. تنهّدَ بأسى. باتَ الطّريقُ محفورًا لا يستطيعُ أن يحيدَ عنهُ. اعتمَرَ القُبّعةَ، تفقّدَ قِطعَةَ السّلاحِ وعُلبَةَ السّجائِرِ والقدّاحَةَ. لا بُدّ مِنَ السّجائِرِ ليحرِقَ أيّامَهُ الرّتيبَةَ. انسلّ بهدوءٍ، وأغلَقَ غُرفةَ بابِ النّوم خلْفَهُ. تساءَلَ، وهو ينظُرُ إلى المرآةِ التي تزيّنُ دفّةَ بابِ البيتِ، كيف استمرّ على هذه الأرضِ في حالٍ لا يُرضِي حبيبًا ولا عدوًّا.

استلّ سيجارةً، ثبّتَها بينَ شفتيْهِ. لَمْ تكُنْ تِلكَ الصّورَةَ التي أرادَ لِنَفسِهِ ولا رسمَهَا منذُ كانَ صَغيرًا. مدَّ يدَهُ، قبْلَ أن يُدِيرَ مقبَضَ البابَ ويخرُجَ إلى الشّارعِ، تذكّرَ أنّهُ لَمْ يُطعِمِ الطّيورَ التي في أقفاصِ الحديقَةِ. انقلَبَ. ستستيقِظُ زوجتُهُ متأخّرَةً كما اعتادَتْ، ولن تنتبهَ إليها. تعرِفُ أنّهُ يُطعِمُهَا وَقْتَ ذهابِهِ إلى العمَلِ. الطّيورُ بدورِهَا تُفضّلُ أن تأكُلَ من يديْهِ. محسن وحدَهُ يُغَنّي لها. يُحبّهَا فتُبَادِلُهُ الحُبَّ بالزّقزقَةِ والتّغريدِ.

- ستعُودُ يومًا مِنَ العَمَلِ، ولن تَجِدَ الطّيُورَ في أقفاصِهَا.

قالتْ لَه تهدّدُ بإطلاقِ الطّيُورِ. أجابَهَا:

- لكنّها أدمنتِ الأقفاصَ، يا مبروكة. ستُحلّقُ وتعودُ لتبيتَ فيها.

ضَحِكَتْ وهي تنظُرُ إلى السّماءِ:

- لن تَجِدَ غيرَ الشّجَرِ، تبنِي أعشاشًا في أغصانِهَا أو تموت.

يعرِفُ كُلّ واحِدٍ منهُمَا ما يقصِدُ الآخَرُ. لَنْ يعترِض محسن على فَتْحِ أبوابِ الأقفاصِ في غيابِهِ أو حتّى كسْرِهَا. يُقِرُّ بينهُ وبين نفسِهِ: «لها الحقّ في كسْرِ الأقفاصِ، ولِي أنْ أعِيدَ بِناءَها».

نَزَلَ محسن عبرَ الدّرجاتِ الثّلاثِ للحدِيقَةِ بِهُدُوءٍ. لا يريدُ أن يُحدِثَ جَلَبَةً تزعِجُ زوجَتَهُ وابنتَهُ. إلى اليسارِ لا تزالُ الطّاولَةُ البلاستيكيّةُ البيضاءُ في مكانِهَا نَفْسِه، وعليها روايَةُ الجريمَةِ والعقابِ وفنجانُ القهوةِ كما تركَهُ. نامَ متأخّرًا واستيقظَ باكرًا. الأشجارُ التي في الحديقَةِ تمنحَهُ القدرَةَ على التّنفّسِ. يشتَدُّ لسانُ زوجتِهِ عليهِ فيخرُجُ ليجْلِسَ تحت الشّجَرِ. في اللّيالِي المُقمرةِ يقرَأُ في نُورِ القَمَرِ، تُظْلِمُ فيشعِلُ الفانوسَ الأبيض الوهِنَ. يريدُ ضوءًا باهِتًا يشبهُ حياتَهُ الرّتيبَةَ. زقزقَةُ العصافِيرِ وهدِيلُ الحمَامِ يغسلانِهِ مِنَ الدّاخِلِ. تنامُ الطُّيُورُ فيفرَغُ للقرَاءَةِ. يقرَأُ في كُلِّ شهرٍ كتابًا جديدًا. يملأُ الحواشِي بالمُلاحظاتِ وينتَهِي

بمُلَخَّصٍ دقيقٍ. يضَعُ الكتابَ الذي فرَغَ مِنْهُ في المكتَبَةِ، ويستبدِلُ بهُ الكتاب المُوَالِي. يضعُهُ على الطّاولةِ البلاستيكيّةِ البيضاء بانتظارِ المساءِ الجديدِ. لن تُزحزِحَ مبروكةُ شيئًا من مَكَانِهِ إلا إذا سقَطَ المَطَرُ. تسحبُ الكِتَابَ، تضَعُهُ في الرّفّ، على الشّاكِلَةِ نفْسِها التي تركَهُ عليها. مبروكة لا تسأَلُ زوجَها ماذا يقرَأُ، ولا لِمَ يقرَأ بغزارةٍ. بينها وبين الكُتُبِ عداوَة راسخة. تؤمِنُ أنّ الكُتُبَ جزْءٌ مِنَ المُشكِلِ؛ تشدُّهُ إلى هذه الأرضِ كما يَشُدُّ النّيْرُ الحِمَارَ للعَرَبَةِ.

نزل الدّرجاتِ الثّلاث، تفقّدَ روايَةَ تيودور. المِرمَدَةُ النُّحاسيّةُ المُقعّرَةُ تفيضُ بأعقابِ السّجائرِ، قَلَمُ الرّصاصِ في مكانِهِ نفْسِهِ. ألقى نظرَةً على الأشجارِ، أخذَ نَفَسًا عميقًا ثمّ توقّفَ. لاحظَ بين الدّوالِي التي تُغَطّي جدارَ الحديقَةِ الخلفيّ شيئًا لَمْ ينتبِهْ إليهِ مِنْ قبْلُ، اقترَبَ، باعَدَ بين الأغصَانِ، تلمّسَ قِطْعَةَ الخشَبِ الكبيرة. تسمّرَ لحظَاتٍ. «مستحيل». استعانَ بمنشارِ التّشذيبِ، قطَعَ أغصانَ الدّوالي، فظَهَرَ بابٌ خشبيٌّ قديمٌ. نَسِيَ الطُّيُورَ التي رجَعَ لإطعامِهَا، ضغَطَ على المِقبَضِ فاستجابَتِ الدّفّةُ على خِلافِ مَا خمّنَ. خطَا إلى الجانبِ الآخَرِ مِنْ مَدِينَةِ البُوغَازِ، حيثُ كانت مياهُ البحرِ تصطَدِمُ بالصّخورِ وتتشظّى. على الشّطِّ نَفْسِهِ كان يتمشّى أيّامَ الثّانويّةِ، يتأبّطُ الكُتُبَ التي يستعيرُها مِنْ مكتبَةِ المدرسَةِ ويمضِي. راوَدَهُ الحنينُ. لَمْ يُمانِعْ في التّأخّرِ عن وقتِ دوامِهِ، سيمشِي حتى الصّخورِ ثمّ ينقلِبُ إلى الشّمالِ، وُصُولًا إلى مخفَرِ الشّرطَةِ، حيثُ ينتظِرُ ضَابطٌ آخرُ يُناوِبُهُ الدّوامَ.

على أطرافِ شَواطِئِ طنجَةَ كانَ يحلُمُ أحلامًا جميلَةً. صحيحٌ أنّهُ كان يستبدِلُ أحلامَهُ سريعًا، فلا يرسُو على الواحِدِ منها حتّى يَهجُرَهُ إلى آخرَ، لكنّ حُلمًا واحِدًا استطاعَ أن يَصمدَ؛ الرّغبةُ في أنْ يَصِيرَ كاتِبًا. حاوَلَ أن يكتُبَ مِرارًا. لَمْ يُفلِحْ في بَلْوَرَةِ أفكارِهِ وأحاسيسِهِ إلى نُصُوصٍ. أجّل الحُلمَ

وصاحَبَ الكُتُبَ وانتظَرَ بِصَبْرٍ. في نَفْسِهِ قنَاعَةٌ راسخَةٌ؛ سأبدأ في يومٍ معلُومٍ.

أشعَلَ سيجارَتَهُ، أغلق عينيْهِ، سحَبَ نَفَسًا عميقًا، ثمّ حرّر سحابةَ دخّانٍ. حينَ فتح عينيهِ ينظُرُ إلى البحرِ، تفاجَأَ بزورَقٍ يرسُو بين صخُورِ الجرفِ. الشّمسُ تطلعُ بتروٍّ. لا أحدَ على الصّخورِ من العُشّاقِ الذين يأتِي بِهُمُ الولهُ عادَةً إلى أطرافِ طنجَةَ في فصْلِ الخريفِ، ليُمارِسُوا الحُبَّ الحُرّ في الهواءِ الطّلقِ. تحرّكتْ غريزَةُ الضّابطِ، نزَلَ ليتفقّدَ الرّجُلَ المُمَدّدَ داخِلَ الزّورقِ بلا حِرَاكٍ. قدّرَ مِنَ النّظرَةِ الأُولَى أنّهُ ميّت. بلا شكّ، «حرّاك» جنحَ بِهِ الزّورَقُ إلى البرّ بعد فواتِ الأوَانِ. بذَلَ مجهُودًا ليُثَبّتَ الزّورَقَ بين الصّخُورِ، ثمّ صعَدَ إليهِ. جسّ النّبْضَ. ماتَ قبْلَ ساعاتٍ فقَطْ. رفعَ الهاتِفَ ليتّصِلَ برجالِ الأمْنِ، لكنّهُ تراجَعَ. لاحظ الشّبَهَ الكبيرَ بينهُمَا. كان الشّبَهُ عظِيمًا. لَمْ يُصَدِّقْ. بحثَ في جيوب الهالكِ، أخرَجَ وثائقَهُ الثّبوتيّة وحُزمَةً مِنَ الأوراقِ النّقديةِ. انتبَهَ أخيرًا إلى الكِيسِ المربُوطِ بالمِقْوَدِ. فضّه بحركاتٍ سريعَةٍ يدفَعُهُ الفُضُولُ. قرَأَ العُنْوَانَ: «في كراهيةِ الحُدُودِ». الأسطُرُ الأولى كانت كافية ليكتشِفَ عملًا روائيًّا. بِلَمسَاتٍ خفيفةٍ ركّبَ الاسْمَ في مُحرّكِ البحثِ العالَمِيّ على لوحَةِ هاتِفِهِ، فتعرّفَ إليه: أمين محمّد بلانكو، روائيّ وأستاذ جامعي في كليّة الآداب ظهر المهراز. بلا حِسَابَاتٍ، استبْدَلَ بملابِسه ملابِسَ الضّحيّة، وترَكَ سلاحَه الناريّ وبطاقَةَ هويّتِهِ، كي يموتَ الضّابطُ رسميًّا دونَ حاجَةٍ لإجراءِ تحليلاتٍ مِخبَريّةٍ. مِنْ أعلى الجرفِ، وَهُوَ ينظرُ إلى ماضيه، أدركَ أنّهُ صارَ إلى رَجُلٍ آخرَ. سيستأنِفُ الطّريقَ من المكانِ الصّحيحِ، وبالشّخصيّةِ التي حَلُمَ بها طويلًا.

بعد أيّامٍ قليلةٍ كان في بيتِهِ في فاس، وإلى جانبِ زوجَتِهِ، يقرَأُ في الجريدَةِ عن موتِ شرطيّ في محاولَةٍ فاشلَةٍ للهجرَةِ.

سحَبَ زوجتَهُ إليه، قبّلهَا بعُمْقٍ، ثمّ وعدَها أن يسترجِعَ ذاكِرَتَهُ كامِلَةً ويُشفَى مِمَّا أصابَهُ، ليَكُونَ أمين الذي عَرِفَتْهُ.

- سأشفى، حبيبتي.

حسناء تمنّتْ أن يبقَى كما هُوَ. ترفُضُ نسخَتَهُ القديمَةَ. أفرغَتْ لَهُ مزيدًا من القهوَةِ دون أنْ تتساءَلَ لِمَ استبدَلَ عاداته الرّاسخة بأخرى. ارتشَفَ من فنجانِهِ. نظامُ البيتِ الصّارمُ مريحٌ، كلّ شيءٍ في مكانِهِ، ولا شيءَ متروكٌ للصّدفَةِ. عالمٌ يواتيه. يعرفُ أنّ موتَ الشّرطيّ حرّرهُ مِنْ ماضيهِ، كما سيحرّرُ امرأتَهُ مِنْ رباطِهَا، ويُطلِقُ ساقيها إلى بُلدَانٍ أخرى.

وضعَ الفِنجانَ، نظَرَ إلى حسناء، ثمّ طلَبَها إلى السّرير. في الفراشِ، وَهُمَا يَنْهَلُ بعضُهما مِنْ بعضٍ، قدَّرتْ أنّهُ الرّجُلُ الذي تُرِيدُ.